Zwei „Infans Abyssi"-Rituale

Die Einweihungs-Zeremonie
in der Sephirah Da'ath

Kontakt: www.HarryEilenstein.de
Harry.Eilenstein@web.de
Harry Eilenstein bei youtube

Herstellung und Verlag: BoD – Books on Demand, Norderstedt

ISBN: 9783756223343

Danke, Lichtbringer in der Mitte der Schwitzhütte!

Inhaltsverzeichnis

I Das Infans Abyssi   **6**

II Das Da'ath-Ritual des OTO   **10**

  A Über das Ritual   12

    1. Auszug aus: Crowley – Ein Stern in Sicht   12

    2. Auszug aus: Crowley – Liber Cheth vel Vallum Abiegni   12

    3. Auszug aus: Crowley – Kleine Essays in Richtung Wahrheit   13

    4. Auszug aus: Crowley – Bekenntnisse   13

  B Das Ritual   14

    1. Öffnen des Tempels   14

    2. Das Durchqueren der Duat   19

    3. Schließen des Tempels   35

IV Ein neues Ritual   **39**

  A Das Gruppen-Ritual   42

    --- DIE ERÖFFNUNG DES TEMPELS ---   44

    1. Schutz, Weihung und Anrufung   44

      a) *Das Pentagramm-Ritual*   *44*

      b) *Die Licht-Pentagramme*   *46*

      c) *Die Saturn-Hexagramme*   *47*

      d) *Die Anrufung des Lichtbringers*   *48*

    --- Das ÜBERQUEREN DES ABGRUNDES ---   54

    2. Der Abgrund   54

    3. Der Weg zum Abgrund   54

      a) *die Sephiroth, die Grade und die Pfade*   *55*

      b) *die Polaritäten und die Bereiche*   *62*

    4. Die sieben Pfade   64

      a) *Der Pfad von Tiphareth nach Binah*   *65*

      b) *Der Pfad von Tiphareth nach Chokmah*   *65*

      c) *Der Pfad von Tiphareth nach Kether*   *66*

      d) *Der Pfad von Geburah nach Binah*   *66*

      e) *Der Pfad von Chesed nach Chokmah*   *67*

      f) *Der Pfad von Geburah nach Da'ath*   *67*

      g) *Der Pfad von Chesed nach Da'ath*   *68*

    5. Der Sprung in den Abgrund   69

    --- DA'ATH ---   70

    6. Die Anrufung der eigenen Schutzgottheit   70

    7. Die Gemeinschaft der Gottheiten   71

8. Die Einheit mit den Göttern 73
9. Die Urform der Lebenskraft 76
10. Der Lichtbringer 80
--- Das Schließen des Tempels --- 86
11. Dank 86
12. Pentagramm-Ritual 86

B   Das Solo-Ritual   **87**
--- DIE ERÖFFNUNG DES TEMPELS --- 87
1. Schutz, Weihung und Anrufung 87
   a) Das Pentagramm-Ritual *87*
   b) Die Licht-Pentagramme *89*
   c) Die Saturn-Hexagramme *90*
   d) Die Anrufung des Lichtbringers *91*

--- DAS ÜBERQUEREN DES ABGRUNDES --- 96
2. Der Abgrund 96
3. Der Weg zum Abgrund 96
   a) die Sephiroth, die Grade und die Pfade *97*
   b) die Polaritäten und die Bereiche *104*
4. Die sieben Pfade 105
   a) Der Pfad von Tiphareth nach Binah *106*
   b) Der Pfad von Tiphareth nach Chokmah *107*
   c) Der Pfad von Tiphareth nach Kether *107*
   d) Der Pfad von Geburah nach Binah *108*
   e) Der Pfad von Chesed nach Chokmah *108*
   f) Der Pfad von Geburah nach Da'ath *109*
   g) Der Pfad von Chesed nach Da'ath *109*
5. Der Sprung in den Abgrund 110
--- DA'ATH --- 111
6. Die Anrufung der eigenen Schutzgottheit 111
7. Die Gemeinschaft der Gottheiten 111
8. Die Einheit mit den Göttern 112
9. Die Urform der Lebenskraft 114
10. Der Lichtbringer 117
--- DAS SCHLIESSEN DES TEMPELS --- 122
11. Dank 122
12. Pentagramm-Ritual 122

Bücherverzeichnis 123

I Das Infans Abyssi

Das Grad-System (Ordens-Hierarchie) und daher auch die Einweihungsrituale der Rosenkreuzer und des Golden Dawn orientieren sich an dem kabbalistischen Lebensbaum. Diese Graphik beschreibt den Weg von der Erde zu Gott und ist daher eine geeignete Grundlage für ein Ordens-Gradsystem und für eine Folge von Einweihungen.

Die elf Bereiche auf dem Lebensbaum werden Sephiroth (Einzahl: Sephirah) genannt, was schlicht „Zahl" bedeutet. Eine dieser Sephiroth wird „unsichtbare Sephirah" genannt und erscheint nicht in dem Grad-System und in den Einweihungsritualen der Rosenkreuzer und des Golden Dawn.

Diese Sephirah ist erst von Aleister Crowley in das Grad-System und in die Folge der Einweihungsrituale aufgenommen worden.

Die elf Sephiroth unterteilen sich in fünf Gruppen:

> - Die erste Sephirah (Kether) ist die allem zugrundeliegende Einheit, in religiöser Hinsicht also Gott und in physikalischer Hinsicht die Raumzeit.
> - Die zweite bis vierte Sephirah (Chokmah, Binah, Da'ath) stellen den abgrenzungslosen Bereich dar. Dies ist in religiös-magischer Hinsicht der Bereich der Gottheiten und in der Physik der Bereich der Energiequanten. Diese vierte Sephirah, also Da'ath, hat traditionell keine Nummer, da sie eben „unsichtbar" ist. Es sind also elf Sephiroth, aber da eine traditionell nicht mitgezählt wird, wird normalerweise gesagt, daß es nur 10 Sephiroth seien.
> - Die fünfte bis siebte Sephirah (Chesed, Geburah, Tiphareth) stellen den grundlegenden Bereich dar – in der Religion sind dies die Seelen und in der Physik die Elementarteilchen.
> - Die achte bis zehnte Sephirah (Netzach, Hod, Yesod) stellen den verbindenden Bereich dar, in der Magie und in der Religion die Psyche und in der Physik die Moleküle.
> - Die elfte Sephirah (Malkuth) stellt die konkreten, großen Dinge dar, also z.B. den Leib des Menschen.

Jeder dieser Ordens-Grade hat einen eigenen Namen, zu denen Crowley „Infans Abyssi", also „Kind des Abgrundes" als Namen für den Da'ath-Grad hinzugefügt hat.

Diese elf Sephiroth, die in fünf Bereiche unterteilt sind, erscheinen in den Orden als drei Bereiche, also Teile des Ordens, da der 1. und 2. Bereich zusammengefaßt worden sind und ebenso der 4. und 5. Bereich.

Die Bereiche auf dem Lebensbaum umfassen also „1+3+3+3+1" Sephiroth, das Ordenssystem hingegen „4+3+4" Sephiroth.

Allerdings bleibt auch in den Orden die „1+3+3+3+1"-Unterteilung erhalten:

- Der erste Grad, der verliehen wird, der „Zelator", also der „Strebende" oder „Eifernde", unterscheidet sich von den übrigen fortgeschreneren Magiern eben durch seinen Status als „Anfänger".
- Der letzte Grad, der verliehen wird, ist der „Ipsissimus" (Superlativ von „selbst"). Er ist der Ordensleiter und steht daher deutlich über den drei anderen Graden dieser Gruppe.

Schließlich gibt es noch den Neophythen („Neuling"), der ein Grad ist, der der Vorbereitung und der Einführung in den Orden dient.

Ein Magier, der den „Portal Grad" erreicht hat, wird im Crowley-System auch „Dominus Liminis" genannt, also „Herr der Grenze".

Das Grad-System					
Sephirah, Übergänge	**Planet**	**Grad**		**Bereich**	
		Name	*Zahl*	*Welt*	*Orden*
Kether	Pluto	Ipsissimus	10°=1°	Gott	„Lenkender Orden" =
erste Ursache	-	-	-	-	„Dritter Orden" = **„Orden des Silbernen Sternes"**
Chokmah	Neptun	Magus	9°=2°	Gottheiten	
Binah	Uranus	Magister Templi	8°=3°		
Da'ath	Saturn	Infans Abyssi	-		
Abgrund	-	-	-	-	
Chesed	Jupiter	Adeptus Exemptus	7°=4°	Seele	„Innerer Orden" = „Zweiter Orden" = **„Orden der Roten Rose und des Gold-Kreuzes"**
Geburah	Mars	Adeptus Major	6°=5°		
Tiphareth	Sonne	Adeptus Minor	5°=6°		
Graben	-	Portal Grad	-	-	
Netzach	Venus	Philosophus	4°=7°	Psyche	„Äußerer Orden" = „Erster Orden" = **„Orden der goldenen Morgendämmerung"**
Hod	Merkur	Practicus	3°=8°		
Yesod	Mond	Theoricus	2°=9°		
Schwelle	-	-	-	-	
Malkuth	Erde	Zelator	1°=10°	Körper	
-	-	Neophyt	0°=0°	-	Anwärter

Die fünf Bereiche auf dem Lebensbaum sind durch vier Übergänge voneinander getrennt: Schwelle, Graben, Abgrund und Erste Ursache. Innerhalb der Ordensstruktur gibt es nur zwei Übergänge, da es auch nur drei Bereiche gibt – diese beiden Übergänge sind der Graben, der als „Portal Grad" erscheint, und der Abgrund, der als Teil des Rituals des Infans Abyssi erscheint.

Wenn man in dem Grad-System aufsteigt, ist die Sephirah Da'ath und der zu ihr gehörende Grad des Infans Abyssi der erste der drei abgrenzungslosen Bereiche. Diese Abgrenzungslosigkeit läßt sich am besten anhand der Physik beschreiben:

> - Von Malkuth bis nach Chesed entsprechen alle Bereiche in der Physik verschiedenen Formen der Materie vom Berg bis hin zu einem Elementarteilchen. Diese Materie ist fest, d.h. sie stößt aneinander und und es können nicht zwei Dinge gleichzeitig an demselben Ort sein.
> - In Da'ath, Binah und Chokmah finden sich hingegen die Energiequanten, also z.B. ein Lichtstrahl. Zwei Lichtstrahlen können im Gegensatz zu Materieteilchen nicht gegeneinander stoßen, weshalb beliebig viele Lichtstrahlen gleichzeitig an demselben Ort sein. Kether ist schließlich die Raumzeit selber.

Im Bereich der Magie und der Religion läßt sich diese Unterteilung in den abgegrenzten Bereich und in den Bereich der Abgrenzungslosigkeit ebenfalls finden:

> - Der abgegrenzte Bereich beginnt mit dem Körper (Malkuth) und führt über die Erinnerung (Yesod), das Denken (Hod) und das Fühlen (Netzach) der Psyche bis zu dem Bereich der Seele (Tiphareth, Geburah, Chesed).
> - Der abgrenzungslose Bereich beginnt in Da'ath und reicht über Binah und Chokmah bis hinauf nach Kether. Da'ath ist der erste Gottheiten-Bereich. Die Gottheiten „überlagern" einander wie in der Physik das Licht: Sie kooperieren miteinander. Sie sind zudem endlos und können daher überall zugleich sein. Sie haben eine klare Qualität, aber keine Grenzen.

Diesen Bereich hat auch Buddha beschrieben, als er gesagt hat, daß ein Erleuchteter vier grenzenlose Qualitäten hat: grenzenlosen Gleichmut (Gelassenheit), grenzenlose Barmherzigkeit (Anteilnahme, Mitgefühl), grenzenlose Liebe und grenzenlose Freude (Bezeichnung im Yoga: „Ananda").

Dieser Übergang vom abgegrenzten Bereich zum abgrenzungslosen Bereich prägt auch das Ritual des Infans Abyssi, wobei man den Übergang selber (Abgrund) und das Erreichen des abgrenzungslosen Zustandes (Da'ath) unterscheiden kann.

Weiterhin erlangt man in Da'ath den Kontakt zu den Gottheiten und insbesondere den Kontakt zu der Gottheit, die sozusagen das Meer ist, von dem die eigene Seele ein Tropfen ist. Diese Gottheit wird meistens als „Schutzgottheit" empfunden und benannt.

In fast allen Kommentaren wird das Da'ath/Abgrund-Ritual als die Auflösung des Egos angesehen, was eine etwas subjektivere Beschreibung der Auflösung aller Begrenzungen ist.

Das Da'ath-Ritual bzw. genau genommen das Abgrund-Ritual wird allgemein als Übergangsritual aufgefaßt – innerhalb eines Ordenssystem ist dies der Übergang vom „Golden Dawn" zum „Argentum Astrum", d.h. von den Adepten (Adeptus Minor, Adeptus Major, Adeptus Exemptus) zu den leitenden Magiern (Magister Templi, Magus, Ipsissimus).

Da dieser Ordens-Grad erst von Crowley in das Ordenssystem eingefügt worden ist, gibt es von dem Da'ath-Einweihungsritual nur eine Crowley-Version, aber keine Version des Golden Dawn oder der Rosenkreuzer.

II Das Da'ath-Ritual des OTO

Das Ritual selber ist nicht erhalten geblieben oder möglicherweise auch nur nicht öffentlich zugänglich – es ist auf jeden Fall nicht allgemein bekannt.

Die allgemeine Eröffnung und das Schließen des Tempels, das für alle OTO-Rituale gleich ist, ist hingegen gut bekannt.

Das Ritual „Durchgang durch die Duat", das in dem von Crowley gegründeten Thelemiten-Orden verwendet wurde, ist das erste Ritual in diesem Orden – dieser Orden nur drei Grade und ist ein Orden für fortgeschrittene Magier (Adepti Exempti). Da diese drei Grade dem Orden Argentum Astrum zu entsprechen scheinen, kann man dieses Ritual als ein Abgrund/Da'ath-Ritual ansehen. Es wird auch von verschiedenen Magiern und Orden als ein Übergangs-Ritual zwischen dem Orden des Golden Dawn bzw. OTO (die Sephiroth Tiphareth, Geburah, Chesed) und dem Orden des Argentum Astrum (die Sephiroth Da'ath, Binah, Chokmah, Kether) aufgefaßt.

Für diese Ansicht spricht auch der Text des Rituals selber, das offensichtlich auf einem hohen Niveau stattfindet und zudem auch mit einem ziemlich großen materiellen Aufwand betrieben wird – falls das meiste davon nicht lediglich imaginiert worden ist (sonst müßten die teilnehmenden Magier vermutlich Millionäre sein).

Es bleibt also eine gewisse Unsicherheit in Bezug auf das folgende Ritual, aber die Wahrscheinlichkeit, das es sich auf den Abgrund und auf Da'ath bezieht, ist doch ausreichend groß, um es hier als Beispiel für ein traditionelles Da'ath-Ritual anführen zu können.

Ergänzend zu dem Ritual gibt es einige kurze Texte von Crowley zu diesem Ritual bzw. zu dieser Verwandlung des Magiers.

Das Crowley-Ritual unterscheidet sich von den Ritualen des Golden Dawn und denen der Rosenkreuzer sehr deutlich – siehe das Buch „Golden Dawn" von Israel Regardie sowie meine beiden Bücher über den Adeptus Major und den Adeptus Exemptus.

Die Rosenkreuzer-Rituale sind vor allem auf einen moralischen Lebenswandel hin ausgerichtet; die Rituale des Golden Dawn sind vom Stil her recht altertümlich und bestehen aus einer Mischung aus Magie und Mystik; das hier angeführte Crowley-Ritual enthält große Textpassagen aus dem ägyptischen Totenbuch und ist ansonsten sehr stark auf Dominanz und „Selbst-Vergrößerung" ausgerichtet.

Dieser Stil ist letztlich nicht allzu verwunderlich, wenn man sich die Biographie von Aleister Crowley anschaut. Dieser Stil paßt auch zu dem Hororksop von Aleister Crowley, der Waage mit Löwe-Aszendent gewesen ist: Der Löwe will im Mittelpunkt stehen und der Größte sein – was in dem Ritual deutlich zu sehen ist.

Auch das Streben nach Dominanz ist unübersehbar, z.B. wenn der Magier jegliche Grenze des Einzuweihenden überschreitet und in dem Ritual ausdrücklich steht, daß das Ego des Einzuweihenden mit dem das Ritual durchführenden Magier verschmelzen soll – deutlich kann man Dominanz-Streben eigentlich kaum noch ausdrücken (siehe den Anfang von Teil 2 des Rituals).

Es gibt auch eine Neigung zur bombastischen Inszenierung bei dem Ritual – z.B. die Fahrt des Einzuweihenden in einem 2m langen Boot aus Porzellan, das die Sonnenbarke darstellt. Dafür muß der für dieses Ritual verwendete Tempel schon recht groß sein …

Die Inspiration zu diesem Ritual-Motiv ist die Fahrt der Statue des Sonnengottes in einem Boot über den Tempelsee im Alten Ägypten – durch dieses Ritual sollte das Fahren des Sonnengottes über die Himmelsee und dadurch auch die Beständigkeit der Weltordnung allgemein sichergestellt werden.

Es gibt inzwischen neuere und präzisere Übersetzungen des Ägyptischen Totenbuchs, doch sind die in Crowleys Ritual verwendeten, über 100 Jahre alten Übersetzungen beibehalten worden, da es nicht auf die Übersetzungs-Genauigkeit der ägyptischen Texte ankommt, sondern auf die Texte, die Crowley damals zu Verfügung standen und wie er sie in seinen Ritualen verwendet hat.

Es ist denkbar, daß das eine oder andere Motiv aus diesem Ritual sexualmagisch zu deuten ist.

A Über das Ritual

1. Auszug aus: Crowley – „Ein Stern in Sicht"

Das Kind des Abgrunds – der Adeptus Exemptus [Ordensgrad von Chesed] *erledigt zuvor vollständig alle seine Angelegenheiten. Er wird dann entweder zu einem Bruder des linkshändigen Pfades* [das ist vermutlich als Integration des eigenen Schattens zu verstehen] *oder ihm werden alle seine Errungenschaften und selbst sein Heiliger Schutzengel fortgenommen. So wird er zu einem Kind des Abgrunds, der – nachdem er alle Vernunft hinter sich gelassen hat – nichts anderes mehr tut als in dem Bauch seiner Mutter zu wachsen. Danach wird er sich selber als ein Magister Templi wiederfinden* [Ordensgrad von Binah].

Der Grad des Kindes des Abgrundes ist kein Grad im eigentlichen Sinne, sondern vielmehr der Übergang zwischen den beiden Orden. Seine Merkmale sind eher negativ definiert, da dieser Grad durch den Entschluß des Adeptus Exemptus erlangt wird, alles, was er hat und was er ist, für immer aufzugeben. Er ist die Auflösung von allen Bindungen, die das Selbst oder den Kosmos ausmachen – eine Auflösung aller komplexen Dinge in ihre Bestandteile, wodurch diese komplexen Dinge zu existieren aufhören, da die Dinge nur in der Hinsicht ihres Bezuges zu und ihrer Reaktion auf andere Dinge erkannt werden können.

- - -

Dein Engel wird zu Dir zurückkehren, nachdem Du den Abgrund überquert hast.

2. Auszug aus: Crowley – Liber Cheth vel Vallum Abiegni

Du sollst Dein Leben mit dem universellen Leben vermischen. Du sollst keinen einzigen Tropfen zurückhalten.

3. Auszug aus: Crowley – Kleine Essays in Richtung Wahrheit

Diese Lehre ist sehr schwer zu erklären, doch sie entspricht in etwa der Lücke, die es in den Gedanken zwischen dem Realen gibt, das das Ideal ist, und dem Unrealen, das die äußere Wirklichkeit ist.

In dem Abgrund existieren alle Dinge – zumindestens der Möglichkeit nach – doch sind sie ohne mögliche Bedeutung, denn ihnen fehlt das Fundament der spirituellen Realität.

Dies sind Erscheinungen ohne Gesetz. Sie sind daher Wahnsinns-Illusionen.

4. Auszug aus: Crowley – Bekenntnisse

Der Name des Bewohners des Abgrundes [Da'ath] ist 'Choronzon', doch er ist nicht wirklich ein Individuum.

Der Abgrund ist leer von Sein; er ist mit allen möglichen Formen gefüllt, die alle gleichermaßen wahnsinnig sind und dafür auch alle böse in der einzigen wahren Bedeutung dieses Wortes sind – das heißt, bedeutungslos und insofern übelwollend als sie danach streben, real zu werden.

Diese Formen wirbeln in ziellosen Haufen wie Staub-Wirbelwinde und jede dieser zufälligen Anhäufungen versichert sich selber, daß sie ein Individuum sei und schreit „Ich bin ich!“, obwohl sie sich allezeit darüber bewußt sind, daß ihre Bestandteile keine wirkliche Verbindung miteinander haben, weshalb die geringste Störung diese Illusion auflöst – so wie ein Reiter, der auf einen Staub-Wirbelwind trifft, ihn in einem Schauer von Sand auf die Erde niederfallen läßt.

B   Das Ritual

Die Anmerkungen in [eckigen Klammern] und die Fußnoten stammen von mir.

<u>Das Ritual des Durchganges durch die Duat[1]</u>

<u>Ritual CXX</u>

A∴A∴ Class D

1.   Öffnen des Tempels

Die Mitglieder versammeln sich, kleiden sich um und setzen sich auf ihre Throne.

Der Hohepriester tritt ein.

Alle erheben sich und grüßen ihn.

Es folgt die „Zeremonie des Erkennens". Alle sollen beim Betreten des Tempels das Zeichen des Tieres zeigen – sonst wird der Tempelwächter grob mit ihnen sein.

Nachdem alle die richtigen Zeichen gezeigt und die richtigen Worte gekannt und gesprochen haben, ruft der Hohepriester:

„Abrahadabra![2]
Heil Dir, Heru-Ra-Ha[3], Ra-Hoor[4],
Abrahadabra,

---

1   Duat = die ägyptische Bezeichung für die Unterwelt
2   Abrahadabra = aramäisch/hebräisch für „Ich erschaffe durch das Wort." oder „Ich erschaffe das Wort."
3   Heru-Ra-Ha = ägyptisch – in etwa „aufsteigende Tagessonne"
4   Ra-Hoor = ägyptisch für „Sonnen-Horus" (Flügelsonne)

Herr des Tages![5]
Die Dunkelheit der Sonne ist in dem Wassern von Amentet[6] versunken.
Laß uns eine Versammlung der Herren des Schweigens abhalten. "

111-11111-111[7]

Er klopft, er erhebt sich und gibt die drei Zeichen …
   Er ergreift die [magische] Waffe [Elemente-Symbol], die er benutzen will, oder – wenn ihm von einem Kind geholfen wird – die dazu passende Waffe; dann geht er zur Mitte und ruft:

„Ich bin bewaffnet! Ich bin bewaffnet!
Ich bin stark! Ich bin stark!

Er geht in den Westen, wo die Undinen wohnen.

„Mit meinem Stab vertreibe ich die Bewohner des Wassers!"[8]

Er geht in den Süden, wo die Salamander wohnen.

„Die Bewohner des Feuers sollen sich vor dem Feuer meines Schwertes nieder-
kauern!"[9]

Er geht in den Osten, dem Heim der Sylphen.

„Die Winde sollen sich zurückziehen vor dem Schütteln meines Speeres!"[10]

Er geht in den Norden in die Mitte der Gnome.

„Ich habe die Bewohner der Erde eingesperrt! Sie sollen vor mir schweigen!"[11]

Er kehrt zur Mitte zurück.[12]

---

5   Herr des Tages = Sonne, Sonnengott
6   Amentet = Am-Duat: Name der ägyptischen Unterwelt
7   3x klopfen, 5x klopfen, 3x klopfen
8   Crowley verwendet hier den Stab statt des Kelches als „Waffe des Wassers".
9   Crowley verwendet hier das Schwert statt des Stabes als „Waffe des Feuers".
10 Crowley verwendet hier den Speer statt des Schwertes als „Waffe der Luft".
11 Crowley verwendet hier einen Kerker statt der Münze als „Waffe der Erde".
12 Wie diese Texte zeigen, ist dieses Ritual ganz auf das Erlangen von Macht ausgerichtet.

„Ich bin bewaffnet! Ich bin stark!
Sie sollen sich verbeugen vor der Pracht des Ra-Hoor-Khuit[13]!"

Als nächstes führt er die vier Lobpreisungen durch, die der äußeren Welt gelehrt werden.

„Ich bin der Herr von Theben[14]
und ich bin der inspirierte Sprecher des Mentu[15].
Für mich entschleiert sich der Himmel,
für Ankh-af-na-khonsu[16], der sich selber getötet hat
und dessen Worte Wahrheit sind.
Ich rufe Dich an, Deine Gegenwart, o Ra-Hoor-Khuit!
Die endgültige Einheit zeigt sich!
Ich verehre die Macht Deines Atems,
höchster und schrecklichster Gott!
Die Götter und der Tod
erzittern vor Dir!
Ich, ich verehre Dich!
Erscheine auf dem Thron des Ra[17]!
Öffne die Wege des Khu[18]!
Erleuchte die Wege des Ka[19]!
Die Strahlen[20] der Khabs[21] fließen [durch mich] *hindurch,*
um mich anzuregen oder mich zu stillen!
Aum[22]! Mögen sie mich erfüllen!
Das Licht ist mein,

---

13 Ra-Hoor ist der Sonnengott Ra, der bei seiner morgendlichen Wiedergeburt die Gestalt des Seelenvogels Horus annimmt und dadurch zur Flügelsonne wird. Mit „khuit" ist vermutlich das altägyptische Wort „chrud" gemeint, das „Kind" bedeutet – Horus ist als morgendliche Sonne noch ein Kind. Hor-pi-chrud („Horus das Kind") wird heute meistens „Harpokrates" geschrieben.
14 Theben = zeitweise die Hauptstadt von Ägypten
15 Mentu = der Falkengott Month
16 Ankh-af-na-khonsu = „sein Leben ist dem Mondgott Chons geweiht"
17 Ra = Sonnengott
18 Khu = ein Teil des Menschen wie der Ka (Lebenskraftkörper), der Ba (Seelenvogel) oder der Achu (Sternenseele)
19 Ka = Lebenskraftkörper
20 Im englischen Original steht „ways" („Wege"); allerdings ergibt „rays" („Strahlen") deutlich mehr Sinn.
21 Khabs = altägyptisch für „Stern"
22 Aum = Om (Meditations-Mantra)

seine Strahlen verzehren mich:
Ich habe ein geheimes Tor
in das Haus des Ra und des Tum[23],
des Kephra[24] und des Ahathoor[25] erschaffen.
Ich bin Dein Thebaner[26], o Menthu[27],
der Prophet des Ankh-af-na-khonsu!
Für Bes-na-Maut[28] schlage ich auf meine Brust,
für den weisen Ta-Nech[29] webe ich meinen Zauberspruch.
Zeige Deine Sternen-Pracht, o Nuit[30]!
Bitte mich in Deinem Haus zu wohnen,
O geflügelte Schlange des Lichtes, Hadit[31]!
Bleibe bei mir, Ra-Hoor-Khuit!"

Es folgt der mystische Tanz, der im Geheimen gelehrt wird. Alternativ soll der Magier elf Kreise in dem Raum schreiten und dabei entgegen dem Sonnenlauf gehen, denn das bedeutet in Wahrheit, daß er stillsteht und sich die Erde unter ihm weiterdreht.[32]

Als nächstes soll er die Hymne singen oder das Mantra sprechen.

Bevor er endet, soll er das Folgende singen:

"Das Edelstein-besetzte Azur[33] über mir
ist die nackte Pracht der Nuit[34].
Sie neigt sich in Ekstase
um die geheime Inbrunst des Hadit zu küssen.

---

23 Tum = Atum (Urriese, Urgott; entspricht Adam, Yama, Yima, Ymir u.a.)
24 Kephra = Chepera (der Sonnengott als Skarabäus; Beschützer des Herzens der Mumie)
25 Ahathoor = vermutlich die Muttergöttin, Himmelsgöttin, Kuhgöttin und Horus-Mutter Hathor
26 Da Theben zeitweise die Hauptstadt des ägyptischen Reiches gewesen ist, wird „Thebaner" hier wohl als „Pharao" aufzufassen sein.
27 Menthu = der Falkengott Month
28 Bes-na-Maut = „Bes, der etwas für die Ma'at tut"; Bes = Schamanengott; Ma'at = Göttin der Richtigkeit
29 Ta-Nech = „dieser Starke"
30 Nuit = die Himmelsgöttin Nut
31 Hadit = „siegreicher Vater"
32 Wie diese Ritual-Anweisung zeigt, geht es in diesem Ritual um die „Selbst-Vergrößerung" des Magiers und zu seinem Anwachsen zum „Mittelpunkt der Welt". Man kann in diesem Ritual eine leichte Tendenz zur Dominaz und zur Megalomanie erahnen …
33 Azur = Blaues (Himmel)
34 Nuit = die Himmelsgöttin Nut

Die geflügelte Kugel[35], das sternenbesäte Blau[36]
sind mein, o Ankh-af-na-khonsu!"

Dann geht er in den Osten zu dem Thron des Ra und ruft:

„Die vollkommene Einheit hat sich gezeigt!
Ich verehre die Macht Deines Atems,
höchster und schrecklichster Gott!
Die Götter und der Tod
erzittern vor Dir!
Ich, ich verehre Dich!"

Et wirft sich gen Westen nieder.
  Dann steigt er wieder auf seinen Thron, nimmt die Macht des Gottes an [Invokation] und spricht:

„Mein ist das Licht,
seine Strahlen verzehren mich:
Ich habe ein geheimes Tor
in das Haus des Ra und des Tum,
des Kephra und des Ahathoor erschaffen.
Ich bin Dein Thebaner, o Menthu,
der Prophet des Ankh-af-na-khonsu!"

Schweigen.
Dann:

„ABRAHADABRA."

111 – 11111 – 111

Er klopft 3mal, 5mal, 3mal.

---

35 Kugel = Himmelgewölbe; geflügelt: Hinweis auf Horus?
36 sternenbesätes Blau = Himmel = die Himmelsgöttin Nut

2. Das Durchqueren der Duat

[Die meisten Texte in diesem Ritual stammen aus dem Ägyptischen Totenbuch.]

Es nehmen drei Magier an dem Ritual teil:

- Ta-Nech[37] für Nuit – er bleibt unsichtbar.
- Bes-n-Maut[38] – er bleibt unsichtbar.
- Ankh-af-na-khonsu[39] für Ra-Hoor-Khuit[40] – er ist sichtbar; er stellt den untersten Punkt des roten Dreiecks unseres Ordens dar.

Bei der Zeremonie geht es darum, den Kandidaten, d.h. sein Ego mit ihm [Ankh-af-na-khonsu] zu verbinden.

Dieser Magier [Ankh-af-na-khonsu] ist weiterhin:

- Tem[41] bei der Eröffnung,
- Ra beim Schließen,
- Kephra beim Zulassen, und
-Ahathoor beim Versiegeln des Grades.

Er ist daher das Pentagramm selber, … [Textlücke] … der Hohepriester.
Sein Gewand ist das des Magus, wie es von Abramelin beschrieben worden ist.
Er hält seinen Stab in seiner Hand, doch auch Speer und Schwert liegen bereit.

Der Kandidat ist so gekleidet wie er es gewohnt ist.
Er hat 24 Stunden gefastet. Vor seiner Zulassung erhält er ein vollständiges Mahl.

Der Magier nähert sich und spricht:

---

37 Ta-Nech = „dieser Starke"
38 Bes-na-Maut =: „Bes, der etwas für die Ma'at tut"; Bes = Schamanengott; Ma'at = Göttin der Richtigkeit
39 Ankh-af-na-khonsu = „sein Leben ist dem Mondgott Chons geweiht"
40 Ra-Hoor-Khuit = Ra-Harpokrates = Ra-Horus als Kind = die aufgehende Sonne in der Gestalt der Flügelsonne
41 Tem = der Urgott Atum

„Heil! Heil Dir, Tum[42], der aus dem Abgrund des Wassers hervorkommt!
Heil Dir, der mit dem zweifachen Glanz strahlt –
mögen Deine Worte mit Macht zu den Khus[43],
die in dieser Halle sind, gesprochen werden,
und möge [Name des Kandidaten] *siegreich in diese Versammlung treten!*
[Name des Kandidaten] *hat den Erlaß durchgeführt,*
der zu den Heeren des Ra am Abend gesprochen worden ist.
Lasse ihn daher als einen lebenden Khu am Ort der Toten hervortreten,
lasse die Götter frohlocken
und alle und jeden laut rufen: 'Heil [Name des Kandidaten]*!' –*
ganz so wie sie rufen: 'Heil, o Ptah[44],
der von dem Heiligen Ort des Uralten, der in Annu[45] ist, aufsteigt!'"

Der Kandidat entkleidet sich und wird in ein Leichentuch gehüllt. Seine Füße und Hände werden fest eingewickelt, sein Mund wird verstopft und seine Augen werden verbunden.

Er wird in einen Sarg gelegt.

Der Magier nähert sich ihm, nachdem der Sarg in den abgedunkelten Tempel getragen worden ist.

Er verstopft mit einer in Weihwasser getauchten Serviette die Nasenlöcher des Kandidaten und löst dadurch große Angst in ihm aus.

„Heil Dir, Gott Temu[46],
gewähre mir den süßen Atem,
der in Deinen Nasenlöchern wohnt!"

Der Magier legt die Nasenlöcher des Kandidaten wieder frei und atmet durch seine eigenen Nasenlöcher auf die des Kandidaten.

---

42 Tum = der Uurgott Atum
43 Khus = Khu ist ein Teil der Seele bzw. des Lebenskraftkörpers
44 Ptah = Schöpfergott und Totengott
45 Annu = Heliopolis (heute meisten als „Iunu" umschrieben)
46 Temu = der Urgott Atum

„Ehre sei Dir, o Du Herr der Helligkeit[47],
am Haupt des Großen Hauses[48],
Fürst der Nacht und der dichten Dunkelheit –
ich trete hervor als ein reiner Khu[49].
Meine beiden Hände sind hinter mir
und mein Los ist das meiner Vorväter!
O gewähre mir Deinen Mund,
daß ich mit ihm sprechen kann,
und leite mein Herz
in der Stunde der Wolken und der Finsternis[50]!"

Der Magier entfernt die Mundbedeckung und küßt den Kandidaten auf den Mund.

„Ehre sei Dir, o Ra,
der bei seinem Versinken Tum-Heru-Khut[51] ist,
o Du Göttlicher,
o Du, der seinen Vater erschaffen hat
und der seine Mutter befruchtet hat!
Du uranfängliche Kugel[52],
aus der alle Dinge entstanden sind!

Wenn Du am Heck Deiner Barke[53] erscheinst,
jubeln die Menschen vor Freude über Dich,
Du Erschaffer der Götter!
Du hast den Himmel ausgedehnt,
in dem Deinen beiden Augen[54] dahinfahren,

---

47 Herr der Helligkeit = meistens die Sonne bzw. der Sonnengott; hier jedoch die feurige Uräus-Schlange (Kundalini)
48 Großes Haus = ägyptische Umschreibung für den Königspalast und den ägyptischen König („per-aa" => „Pharao"); die Uräus-Schlange („Herr der Helligkeit") befindet sich als Teil der Krone an der Stirne des Pharaos
49 Khu = Teil der Seele bzw. des Lebenskraftkörpers
50 Stunde der Wolken und der Finsternis = Nacht, d.h. die Zeit, in der die Sonne durch die Unterwelt reist
51 Tum-Heru-Khut = der Gott Atum-Harpokrates (eine sehr ungewöhnliche Verbindung von zwei Göttern)
52 uranfängliche Kugel = der Urhügel, als der Atum am Anfang der Zeit aus dem Urmeer aufgestiegen ist und so das Land erschaffen hat
53 Barke = das Schiff, in dem die Sonne über den Himmel fährt
54 zwei Augen am Himmel = Sonne und Mond

Du hast die Erde als eine große Kammer für Deinen Khu erschaffen,
damit jeden Mensch seinen Nächsten erkennt.
Das Sektet-Boot[55] ist glücklich,
das Ma'at-Boot[56] jubelt,
und sie grüßen Dich voller Begeisterung,
während Du dahinfährst.
Der Uräus[57] hat Deine Feinde niedergeworfen
und Du hast ihre Beine zu Apep[58] getragen!"

Der Magier wickelt die Binden von den Beinen des Kandidaten ab.

"Du bist schön, o Re, jeden Tag;
und Deine Mutter Nuit[59] umarmt Dich;
Du versinkst in Schönheit
und Dein Herz ist glücklich,
wenn Du in den Bergen des Manu[60] im Westen bist –
die Heiligen jubeln darüber.
Die Herzen der Herren der Duat[61] sind glücklich,
wenn Du Dein Licht in Amentet[62] aussendest –
sie wenden ihre beiden Augen Dir zu."

Der Magier entfernt die Augenbinde, läßt ein Licht aufblitzen und blickt dem Kandidaten tief in die Augen und spricht:

"Sie Drängen vorwärts um Dich zu sehen;
ihre Herzen jubeln, wenn sie Dich schließlich sehen!
Du hörst auf die Schreie derer,
die in ihren Sarkophagen liegen;

---

55 Sektet-Boot oder Mesektet-Boot = Nacht-Barke des Re, mit der er durch die Unterwelt fährt
56 Ma'at-Boot = Tages-Barke des Re, mit der er über den Himmel fährt
57 Uräus = Stirnschlange des Pharaos, des Oriris, des Re, der Sachmet und einiger weiterer Gottheiten; die aufgestiegene Kundalini-Schlange
58 Apep, gräzisiert Apophis = Unterweltschlange, Jenseitsweg
59 Nuit = die Himmelsgöttin Nut
60 Manu = Urgott, der als Berg im Westen (Eingang zur Unterwelt) erscheint; vermutlich mit dem indogermanischen Urmensch Manu verwandt; er ist weitestgehend mit Atum (Tum, Temu), Adam, Yima, Yama und Ymir identisch
61 Duat = Unterwelt; die Herren der Duat = Totengötter
62 Amentet = die Unterwelt („Amenti")

Du beseitigst ihre Hilflosigkeit
und vertreibst die Übel, die rings um sie sind!"

Der Magier löst die Fesseln von den Händen des Kandidaten und drückt sie mit seinen eigenen Händen.
„Ich bin der Vater, der Dich erhebt!"

Er erhebt den Kandidaten.

„Du gibst den Nasenlöchern Atem,
und sie ergreifen den Bug Deiner Barke
am Horizont des Manu.
Du bist schön an jedem Tag, o Ra!
Möge Dich Deine Mutter Nuit umarmen!
[Name des Kandidaten] *ist siegreich!"*

Der Magier löst das Leichentuch und läßt es fallen und umarmt den Kandidaten.
Der Magier verläßt den Kandidaten und geht 11mal gegen den Uhrzeigersinn im Kreis im Tempel herum und singt dabei das Lied *„So wie selbst die Verräter atmen ..."*
Dann nähert er sich dem Kandidaten und spricht:

„Sprich mir nach:

Ich, der ich nichts bin,
verneine alles, was ich gewesen bin;
ich, der ich nichts bin,
bejahe alles, was ich werden soll.
Ich schwöre, daß so,
wie Nuit über mir ist,
wie Hadit in mir ist,
ich Ra-Hoor-Khuit sein werde!
Und Segen und Verehrung dem Großen Tier,
dem Propheten des Lieblichen Sterns!"

[Der Kandidat spricht die Worte nach.]

Der Magier nimmt den Stempel „666" von dem Altar und markiert den Kandidaten auf der Stirn, auf dem Herz und auf dem Kopf.
Der Magier geht 11mal im Kreis um den Tempel herum.

„Ich bin der Gürtel des Gewandes des Gottes Nu[63], ... "

Er kleidet den Kandidaten in das entsprechende Gewand.

„ ... das erstrahlt und Licht auf das leuchten läßt,
was zu seiner Brust gehört,
und das Licht in die Finsternis hinausscheinen läßt
und so Frieden zu den beiden Göttern bringt,
die in seinem Herzen in Krieg miteinander lagen.

Mein ist der mächtige Zauberspruch,
der den erhebt, der gefallen ist.
Ich habe von dem Herrn der Finsternis Besitz ergriffen;
ich habe das Auge der Sonne befreit.
Ich habe Thot[64] hervorgebracht
und habe sogar die Schalen seiner Waage erschaffen.
Mein ist die Ureret-Krone[65],
Ma'at[66] ist in meinem Leib,
mein Mund ist aus Türkis und aus Bergkristall,
Meine Heimat ist zwischen den Hügelgräbern aus Lapis Lazuli:
Ich bin der, der Licht in die Dunkelheit bringt –
Die Finsternis wird durch mich licht und hell.

Ich habe Licht gegeben in der Dunkelheit.
Ich habe die Fressenden niedergeworfen.
Ich habe denen Loblieder gesungen, die in der Dunkelheit leben.
Ich habe die erhoben, die geweint haben,
die ihre Gesichter verborgen haben
und die vor Leid niedergesunken sind –
und sie blicken nun auf zu mir.

Heil!, denn ich bin der, dessen Stimme das Schweigen ist.
Ich habe den Weg geöffnet,
Ich habe Licht erschaffen in der Finsternis,
Ich bin gekommen und habe die Dunkelheit beendet –

---

63 Nu = vermutlich der Urwasser-Gott Nun
64 Thot = Ibisgott, Weisheitsgott, Schreiber der Götter, Magiergott
65 Ureret = die weiße, hochgewölbte, runde Krone, die von Osiris und von Horus getragen
    wird; sie war unsprünglich eine Getreidegarbe
66 Ma'at = Richtigkeit, die Göttin der Richtigkeit

wahrlich, sie ist nun zu Licht geworden. "

Das Licht wird nun ganz eingeschaltet.

Der Kandidat wird nun von dem Tempel zu dem … [Textlücke] … des Bootes geleitet. Dieses Boot ist 7 Ellen lang [ca. 2,10m]. Es ist aus grünem Porzellan und hat ein geweihtes Sonnendach in der Form eines Sternenhimmels. An seinem Bug ist die goldene Sonnenscheibe des [Sonnengottes] Ra mit seinem Angesicht.

Der Magier spricht:

„Die Pfade, die oben sind, werden zur Ruhe kommen,
… [Textlücke] …
Heil Dir, großer Gott, der Du in Deiner Barke bist –
hole mich in Dein Boot. "

Der Magier setzt den Kandidaten in das Boot. [Wie der weitere Text zeigt, befinden sich unter diesem Boot Räder, da es gefahren werden kann.]

„Ich habe das Boot betreten und segle nun auf den Befehl des Ra. "

Der Magus spannt das Sonnensegel [Plane auf vier Stäben] über das Boot.

„Weicht zurück, o ihr Schlangen-gestaltigen Bewohner des Feuers,
die die Fahrt meiner Barke behindern wollen!
Kehrt zurück an den Himmel,
denn das, was in meiner Hand ist[67], ist bereit!
Ich erhebe mich an dem Ort der Behinderung:
die Barke kommt voran auf ihrem Weg –
Dein Kopf wird bedeckt, während ich über den Himmel segle.

Ich bin der, der die Stärke erhebt,
ich bin gekommen;
ich bin der Herr der Schlangen des Ra geworden,
wenn er sich vor meinem Angesicht niederläßt;
in der Abendzeit gehe ich rings um den Himmel,
doch Du bist gefangen mit den Fesseln,
die Ra geweiht hat.

---

67 das, was in meiner Hand ist = eine Waffe zum Kampf gegen die Schlangen

Ich, ja ich, leite das ... [Textlücke] ...,
mit dem Apep[68] vertrieben wird,
und ich kenne die göttlichen Seelen des Westens:
Tum[69] und Sebek[70], der Herr von Baklan[71],
und Hathor, die Herrin des Abends[72]."

Die Barke fährt weiter.

„Ich, ja ich, kenne das östliche Tor des Himmels,
durch das Ra erscheint in günstigem Wind[73].
Ich bin der Steuermann in der Ewigen Barke,
ich kenne die beiden Sycomoren[74] der ... [Textlücke] ...,
zwischen denen sich Ra selber zeigt.

Ich, ja ich, kenne die göttlichen Seelen des Ostens, Heru-Khuit[75],
und das Kalb[76] der Göttin Khera[77],
des strahlenden Morgensterns[78]."

Die Barke fährt weiter zu dem ersten Pylon[79].

---

68 Apep = der Schlangengott Apophis
69 Tum = der Urgott Atum
70 Sebek = der Krokodilgott Sobek
71 Baklan = unsicher, vermutlich die Wasserunterwelt
72 Abend = Sonnenuntergangs-Ort = Westen = Jenseits; Herrin des Abends = Hathor als Jenseitsgöttin und Wiedergeburts-Mutter der Toten
73 günstiger Wind = der Sonnengott Ra segelt in seiner Barke aus der Unterwelt heraus an den Tageshimmel empor
74 Sycomore = Maulbeerfeigenbaum; die beiden Pfosten des Morgen-Tores, durch das Ra erscheint, sind zwei Maulbeerfeigenbäume; diese beiden Bäume sind durch die Verdopplung des Weltenbaumes, der Himmel und Erde verbindet, entstanden und dann an den Horizont versetzt worden, wo sie als Tor ebenfalls Diesseits (Himmel) und Erde verbinden
75 Heru-Khuit = Harpokrates = Horus als Kind
76 Kalb = Der Sonnengott zeugt sich in der Gestalt eines Stieres mit der Himmels-, Kuh- und Muttergöttin Hathor, die den Gott dann als Kälbchen wiedergebiert und säugt.
77 Khera = offensichtlich eine Muttergöttin („kheru" = „Untere" =?= Göttin der Unterwelt)
78 Morgenstern = Venus
79 Pylon = einer der beiden Türme, zwischen denen sich der Eingang zum einem ägyptischen Tempel befindet

„Fort mit Dir! Kehre zurück!
Fort mit Dir, Du Krokodil Siu[80]!
Du wirst Dich mir nicht nähern,
denn ich lebe durch die magischen Worte meines Mundes!"

Die Barke kreist einmal im Uhrzeigersinn innen um den Tempel herum, verläßt ihn dann wieder und stellt sich wieder gegenüber des Pylons.

[Anscheinend wird hier an einem Tempel mit einen ihn umgebenden Heiligen Bezirk gedacht. Dieses Ritual kann man offensichtlich nur in weitgehend imaginierter Form oder eben direkt am Tempel und am Tempelsee in Karnak (Theben) durchführen.]

Dies [das Kreisen im Tempel] gilt auch für alle noch folgenden Aussprüche.

„Meine Schneidezähne sind wie Messer
und meine Backenzähne sind wie der,
der auf seinem Hügel des Schreckens[81] wohnt!"

Kreis. [Die Barke fährt einmal im Kreis innen um den Tempel herum und kehrt dann zum Pylon zurück.]

„Heil Dir, der Du mit Deinen Augäpfeln
auf meinen magischen Worten sitzt."[82]

Kreis.

„Du wirst mich nicht fortschleppen.
o Du Schlange Rerek[83],
und Du wirst Dich nicht hierher zu mir bewegen!
Stehe still!
Du wirst die Schüssel mit dem Abscheulichen[84] des Ra leeren!
Du wirst an den Knochen der Katze des Schleimes[85] nagen!"

---

80 Siu = anscheinend ein ansonsten unbekanntes ägyptisches Wort für „Krokodil" oder der Name eines Krokodilgottes
81 der auf seinem Hügel des Schreckens wohnt = Krokodil auf einer Sandbank
82 Dieser Satz ist offenbar nicht richtig aus dem Altägyptischen übersetzt worden.
83 Reret = unbekannte Schlangen-Bezeichnung oder Schlangengottheit-Name
84 Abscheuliches = vermutlich Kot
85 Katze des Schleimes = vermutlich eine ungenaue Übersetzung, da die Katze eine Gestalt des Sonnengottes war (Katzengöttin Bastet, Panthergöttin Mafdet, Löwengöttin Sachmet) und daher eigentlich nicht von einem Feind des Sonnengottes benagt werden kann

Kreis.

„Weiche von mir, Aphast[86],
denn Du hast Lippen, die nagen!
Denn ich bin Khnemu[87],
der Herr von ... [Textlücke] ... Peshemu[88] ... [Textlücke] ...
Ich bringe die Worte der Götter[89] zu Ra."

Kreis.

„Eher sei euch, ihr beiden Rekht-Göttinnen,
ihr beiden Zwillingsschwestern[90]!"

Kreis.

„Heil euch beiden Mert-Göttinnen[91]!
Ich bringe euch eine Botschaft,
ich bringe euch eine Nachricht
über meine magischen Worte.[92]
Ich strahle auf dem Sektet-Boot[93],
ich bin Ra-Hoor-Khuit[94],
die Sonne der Stärke und des Lichtes!"

Kreis.

---

86 Aphast = vermutlich ein schädlicher Wurm, da er mit seinen Lippen nagen kann, wie die nächste Zeile zeigt

87 Khnemu = der Widdergott Chnum

88 Peshemu = „Haus des Chnum" = Tempel des Widdergottes = die Stadt, in der sich dieser Tempel befindet

89 Worte der Götter = Bitten und Botschaften

90 Rekht-Göttinnen = vermutlich Isis und Nephthys, da diese beiden am häufigsten als „Zwillingsschwestern" bezeichnet wurden

91 Mert = altägyptische Feminin-Form für „geliebt"

92 Das ist keine klare Übersetzung ...

93 Sektet-Boot oder Mesektet-Boot = Nacht-Barke des Re, mit der er durch die Unterwelt fährt

94 Ra-Hoor-Khuit = Ra-Harpokrates = der am Morgen als Flügelsonne wiedergeborene Ra-Horus

„Hinfort mit Dir! Gehe! Hinfort von mir, o Apep[95]!
Weiche von dem göttlichen Ort der Geburt des Ra[96],
das in dem Haus des Schreckens[97] ist!
Ich bin Ra – schrecklich und siegreich!
Ra läßt sich nieder, Ra läßt sich nieder,
Ra ist stark, wenn er sich niederläßt.[98]
Apep ist gefallen! Apep, der Feind des Ra ist überwunden!"

Kreis.

„Weiche hinfort, Haï[99], Du Unreiner,
Du dem Asar[100] Abscheuliches !
Tahuti[101] hat Deinen Kopf abgeschlagen
und ich habe Dich zerstückelt
und Dich vollkommen zerrissen.
Fort mit Dir von dem Neshuet-Boot[102],
während ein günstiger Wind
Ra über seinen Himmel segeln läßt. "

Kreis.

„ O Du Szepter der Freude!
Laß mich von niemandem verletzt werden –
nicht von Menschen,
nicht von Göttern,
nicht von den heiligen Toten,
nicht von denen, die gewaltsam getötet worden sind,
nicht von denen aus den alten Zeiten,
nicht von einem Sterblichen,
nicht von einer menschlichen Seele!"

---

95 Apep = Apophis
96 Ort der Geburt des Ra = östlicher Horizont, an dem die Sonne aufgeht
97 Haus des Schreckens = Grab, Unterwelt
98 Ra läßt sich nieder = die Sonne versinkt in der Unterwelt
99 Haï = vermutlich ein Beiname des Apophis
100 Asar = vermutlich Ausar = der Totengott Osiris
101 Thahuti = der Ibisgott Thot
102 Neshuet-Boot = Sonnenbarke; der Name ist vermutlich eine Abeitung von „nesut" für
    „Flamme, Feuer" und würde dann „feuriges Boot des Sonnengottes" bedeuten

Das Boot kehrt in den Tempel zurück und fährt innen einmal im Kreis um ihn herum, aber nicht wieder hinaus. Stattdessen wird es zu der Mitte des Tempel gebracht.

„ Mein Haar ist das Haar des Nu![103]
Mein Gesicht ist das Gesicht der Scheibe![104]
Meine Augen sind die Augen der Hathor![105]
Meine Ohren sind die Ohren der Aput![106]
Meine Nase ist die Nase des Kheuti Khas![107]
Meine Lippen sind die Lippen des Anpu![108]
Meine Zähne sind die Zähne des Serget![109]
Mein Hals ist der Hals der Asi![110]
Meine Schultern sind die Schultern des Ba-neb-Tahtu![111]
Meine Arme sind die Arme der Neith![112]
Mein Rückgrat ist das Rückgrat der Sati![113]
Mein Penis ist der Penis des Asar![114]
(oder[115]*: Meine Vagina ist die Vagina der Asi!)*[116]

---

103 Nu = vermutlich der Urwassergott Nun; weil das Wasser das Land wie die Haare den Kopf umgeben?
104 Scheibe = Sonnenscheibe; eine naheliegende Assoziation zu dem Gesicht
105 Sonne und Mond wurden als Augen aufgefaßt und zugleich als die Kinder der Hathor
106 Aput = archaischer Name für die Nilpferdgöttin Thoeris; weil die Ohren des Nilpferdes am weitesten aus dem Wasser ragen?
107 Es ist unklar, wer mit „Kheuti Khas" gemeint ist – offenbar eine Gottheit mit einer großen Nase. Das könnte evtl. ein Krokodil sein, dessen Nase und Augen aus dem Wasser ragen.
108 Anpu = der Schakalgott Anubis; vermutlich weil seine Lippen auffällig schwarz gefärbt sind
109 Serget = die Skorpiongöttin Selket; eigentlich hat sie keine auffälligen Zähne, aber vielleicht ist der Stachel des Skorpions als „Zahn" aufgefaßt worden
110 Asi = vermutlich Isis (ägyptisch: „aset"); ihr Bezug zum Hals ist unklar
111 Ba-neb-Thatu = „Seele, die der Herr von Thatu ist"; vermutlich ist mit „Thatu" der altägyptische Urhügel-Gott Tatenen gemeint – dessen Schultern alles tragen, was sich auf der Erde befindet
112 Neith = Kriegs- und Jagdgöttin, die mit Pfeil und Bogen bewaffnet ist und daher starke Arme braucht
113 Sati = die Bogenschützen-Göttin Satet, die auch einen starken Rücken braucht
114 Asar = Osiris (altägyptisch: „ausar"); Isis hat den Penis als letzen der 42 Teile des zerstückelten Osiris wiedergefunden – er war unbedingt für seine Wiederzeugung mit Isis notwendig
115 wenn der Kandidat eine Frau ist
116 Asi = eine neue Feminin-Form von „Asar" für „Osiris"

Meine Sehnen sind sind die Sehnen der Herren von Kheraba![117]
Meine Brust ist die Brust der Mächtigen und Schrecklichen![118]
Beim Bauch und mein Rücken sind der Bauch und der Rücken der Sekhet![119]
Meine Pobacken sind die Pobacken des Horusauges![120]
Meine Hüften und meine Beine sind die Hüften und Beine der Nuit![121]
Meine Füße sind die Füße des Ptah![122]
Meine Knochen sind die Knochen der lebenden Götter![123]
Es gibt keinen Teil meines Leibes, der nicht der Teil des Leibes eines Gottes ist!"

Der Magier, der jeden Körperteil des Kandidaten mit seinem Stab berührt hat, während er ihn [mit den obenstehenden Versen] benannt hat, erhebt den Kandidaten nun aus dem Boot, umarmt ihn und küßt ihn.

Dann ruft er mit lauter Stimme:

"ABRAHADABRA!
Ich habe Dich in den Orden von Thelema aufgenommen!"

Er klopft: 111 – 11111 – 111   [3mal, 5mal, 3mal]

Das Boot wird fortgebracht.

Der Kandidat kniet vor dem Altar, während der Magier von seinem Thron aus die „Große Invokation" durchführt.

Sie gehen elfmal gegen den Uhrzeigersinn innen im Kreis um den Tempel herum, wobei der linke Arm des Magiers um die Hüfte des Kandidaten liegt und der rechte Arm des Kandidaten um den Magier gelegt ist [der Magier geht also innen und der Kandidat außen].

---

117 Herren von Kheraba = Götter des Ortes Kheraba; näheres ist nicht bekannt – es müssen wegen ihrer starken Sehnen aber wohl kriegerische Götter sein

118 mächtige und schreckliche Götter = das würde am besten auf die Kriegs- und Löwengöttin Sachmet passen

119 Sekhet = die Löwengöttin Sachmet, die natürlich auch einen starken Bauch und einen starken Rücken hat

120 Wurden die Pobacken mit den beiden Horusaugen (Sonne und Mond) assoziiert, weil sie alle rund sind?

121 Nuit = die Himmelsgöttin Nut; sie steht allezeit auf ihre Arme und Beine gestützt über der Erde

122 Ptah = Schöpfer- und Totengott; beschützt er die Füße, weil er immer aufrecht steht?

123 lebende Götter = wiedergeborene Götter, also der Totengott Osiris und der Sonnengott Ra

Der Magier spricht, während sie gehen:

„Ich bin eine Schwalbe[124]!
Ich bin eine Schwalbe!
Ich bin der Skorpion,
Ich bin die Tochter des Ra[125]!
Heil Dir, Flammen, deren Duft süß ist![126]
Heil euch Göttern, deren Duft süß ist!
Heil Dir, Flamme, die von dem Horizont kommt![127]
Heil Dir, Herr der Stadt –
reiche mir Deine Hand,
laß mich zu Dir sprechen,
denn meine Worte sind voller großen Glücks!
Öffne die Tore für mich
und ich werde die Dinge verkünden,
die ich gesehen habe!
Horus ist zu dem göttlichen Fürsten
in der Sonnenbarke geworden;
ihm wurde der Name seines Vaters Osiris gegeben.[128]
Ich habe meine Arme bei den Worten des Osiris ausgestreckt;
ich bin eingetreten,
ich bin gerechtfertigt[129] worden,
ich bin würdig[130] zu dem Tor herausgetreten.
Ich bin rein in dem Palast des Durchgangs der Seelen[131];
ich habe das Böse zerstört,
das meinen Gliedern auf Erden angehaftet hat.
Heil euch Zwillings-Falken auf euren Turmspitzen,[132]
die ihr das Tor zum Abgrund bewacht,

---

124 Schwalbe = Seelenvogel
125 Tochter des Ra = die Löwengöttin Sachmet, das Sonnenauge (Horus), die Uräus-Schlange
126 Hier ist Räucherwerk gemeint. „Räucherwerk" heißt auf Altägyptisch „senetjer", d.h. „das, was göttlich macht".
127 Flamme, die vom Horizont kommt = Sonne
128 Name = Besitz, Titel (Pharao), Amt usw.; Horus ist der Sohn und Erbe des Osriris.
129 gerechtfertigt = freigesprochen = man hat das Jenseitsgericht nach dem Tod bestanden
130 würdig = gerechtfertigt = freigesprochen = man hat das Jenseitsgericht nach dem Tod bestanden
131 Palast des Durchgangs der Seelen = Jenseitsgericht = Halle des Osiris
132 zwei Turmspitzen = die beiden Türme vor dem Tempel, zwischen denen sich der Eingang zum Tempel befindet

denn ich bin nun wie ihr geworden!
Ich bin der, der bei Tage hervortritt.
Ich bin durch die verborgenen Wege gegangen;
ja, ich, XXX[133], ich bin ER,
der ungeborene Geist,
ich sehe mit meinen Füßen;
ich bin das starke und unsterbliche Feuer!
Ich bin ER, die Wahrheit!
Ich bin ER, der es haßt, daß Böses in der Welt getan wird!
Ich bin ER, der blitzt und donnert!
Ich bin ER, von dem der Schauer des Lebens[134] auf der Erde kommt!
Ich bin ER, dessen Mund endlos flammt[135]!
Ich bin ER, der Erzeuger und Erschaffer des Lichts.
Ich bin ER, die Gnade der Welt!
'Das Herz, das mit einer Schlange gegürtet ist' ist mein Name!"

Sie gehen zum Thron.

„O Mein Sitz, o mein Thron, komme zu mir! Und sei rings um mich!"

Er setzt den Kandidaten auf seinen Thron.

„Ich bin Dein Herr, o ihr Götter,
kommt und nehmt euren Platz in meinem Gefolge ein!"

Der Magier wirft sich vor dem Kandidaten nieder und verehrt ihn.

Der Magier erhebt sich und nimmt seinen Speer, der neben dem Kandidaten steht. Er berührt mit seiner Spitze das Siegel 666 [vermutlich auf der Stirn des Kandidaten] und sagt:

„So wie dieses Siegel nicht von Deinem Leib genommen werden kann, so kann auch diese Einweihung nicht von Deiner Seele genommen werden."

Die Magier [Sind hier die anderen beiden Magier, die zuvor verborgen waren, in den Tempel gekommen?] leiten ihn von dem Thron fort und gebieten ihm, am Altar

---

133 XXX = Name des Kandidaten
134 Schauer des Lebens = Regen
135 flammender Mund = magisch wirksame Worte

zu stehen, während das Schließen des Tempels durchgeführt wird.

Anschließend kann der Magier den Kandidaten in den Außenbereichen des Heiligen Hauses zu einem Festessen einladen und freundlich zu ihm sein.

- Ende -

„Eure Väter haben sich von dem Manna in der Wildnis ernährt und sind tot."

3. Schließen des Tempels

„ABRAHADABRA!
Heil Dir, der Du Ra bei seinem Aufstieg bist!
Die Scheibe des Khephera steht auf den Wassern von Amentet[136]:
Es ist die Stunde der Auflösung der Herren der Stille."

111 – 11111 – 111

Er klopft 3mal, 5mal, 3mal.

Er erhebt sich und führt die Zeremonie genauso wie bei der Eröffnung durch bis zu dem zweiten Vers des Liedes, der „Zauberspruch" genannt wird. Doch er geht nun im Uhrzeigersinn, weil er nun der Natur wieder erlaubt, nach ihrem Willen zu handeln.
Er steht im Osten des Thrones des Ra und ruft:

„Es ist die Stunde des Festes des Ra-Hoor-Khuit!"

Während er die Kuchen des Heiligen des Lichtes[137] erhebt, soll der Priester das Folgende vortragen:

„Ich fliege wie ein Falke!
Ich sitze auf dem Heim der Aat[138] bei dem Fest der Mächtigen des Lichtes[139].
Laßt uns von dem leben, was uns die Götter und die Khus geben;
laßt uns leben und durch diese Kuchen Macht erhalten;
laßt sie uns vor den Göttern und Khus essen;
laßt durch diese Kuchen Macht erhalten!
Laßt uns von ihnen im Schatten der Palmen-Bäume des ... [Textlücke] ... essen,
unserer Herrin und unseres Heiligen des Himmels!

Laßt uns die Gabe des Opfers durchführen ..."

Er führt sie durch.

---

136 Amentet = Unterwelt, Jenseits
137 Heilige des Lichtes = die Versammlung der Magier, die sich als Sonnengötter auffassen, da sie sich mit Ra-Horus verbunden haben
138 Aat = möglicherweise altägyptisch für „Große"
139 Mächtige des Lichtes = die Versammlung der Magier, die sich als Sonnengötter auffassen, da sie sich mit Ra-Horus verbunden haben

„ ... und die Opferung der Kuchen ...“

Er erhebt sie.

„ ... und der Krüge der Trankopfer!“

Er gießt sie aus.

„Mein Haupt ist wie das Haupt des Ra
und meine Glieder sind stark wie die Glieder des Tum.
Meine Zunge ist die Zunge des Ptah[140]
und mein Thron ist der Thron unserer Herrin Ahathoor.

Ich spreche die Worte meines Vater Tum[141],
die Magd des Seb[142] wird zurückgehalten
und alle verbeugen sich in Furcht vor mir.

Sie verehren mich mit Hymnen,
'Göttliches Haar des Seb' ist der Name,
mit dem sie mich anrufen, um die Erde zu beschützen –
mich, der ich der Herr und Gott der Erde bin.
Der Gott Seb, der mich erfrischt,
macht ... [Textlücke] ... mir zu eigen.

Die Bewohner in Amun[143] neigen ihre Köpfe vor mir –
ich bin ihr Herr, ihr Stier!
Ich bin mächtiger als der Herr der Zeit!
Ich werde mich der Genüsse der Liebe erfreuen

---

140 Ptah = Schöpfergott und ein dem Osiris ähnlicher Totengott
141 Worte des Tum = Schöpfungsworte wie im Alten Testament („Es werde ...“); sie werden
   in Ägypten eigentlich von Thot gesprochen.
142 Seb = Ist hier „sab“ für „Schakal, Fürst, Vornehmer“ gemeint? Das wäre jedoch sehr
   allgemein. Oder eher „seba“ für „Stern“? Das würde nicht besonders gut zu dem Erd-
   Bezug in den Versen passen. Es könnte auch der Krokodilgott Sobek (ägyptisch: „sebek“)
   gemeint sein – diese Deutung ist die wahrscheinlichste, da der Krokodilgott Sobek von
   seinem Charakter her am besten zu Crowley passen würde. Auch das „erfrischen“ in den
   folgenden Versen paßt am besten zu dem im Wasser lebenden Krokodilgott.
143 Amun ist eigentlich der Luft- und Sonnengott. Ist hier Ägypten als „Land des Amun“
   gemeint?

und werde die Herrschaft über die Millionen Jahre[144] erlangen!"

Dann läßt er sich wieder als die Macht des Gottes Ra auf dem Thron des Ra nieder und spricht:

„Mein ist das Licht,
seine Strahlen verzehren mich:
Ich habe ein geheimes Tor
in das Haus des Ra und des Tum,
des Kephra und des Ahathoor erschaffen.
Ich bin Dein Thebaner, o Menthu,
der Prophet des Ankh-af-na-khonsu!"

Er erhebt sich und geht in den Westen – oder, wie einige sagen, in den Süden – und spricht, wobei er die [dazugehörenden] Zeichen macht:

„Hathoor, Herrin von Amentet,
mächtige Bewohnerin des Grab-Gebirges,
Auge des Ra,
die vor IHM[145] wohnt,
schön als Feuer in dem Boot der Millionen Jahre[146] –
mögen sie uns wohlgesonnen sein
und möge Dein Licht und Deine Schönheit mit uns sein,
mit uns, Deinen Dich Liebenden in dem Haus des Friedens!

ABRAHADABRA!"

111 – 11111 – 111

Er klopft 3mal, 5mal, 3mal.

– – –

---

144 Millionen Jahre = ägyptisch für „Ewigkeit"; das Schiff des Sonnengottes, in dem er über
    den Himmel fährt, heißt „Boot der Millionen Jahre", also „ewiges Boot".
145 IHM: offensichtlich Ra – Hathor ist das Feuer-Auge des Sonnengottes
146 Boot der Millionen Jahre = Sonnenbarke

Das [hier beschriebene] Öffnen und Schließen des Tempels ist bei jeder Gelegenheit [bei jedem Ritual] vorgeschrieben. Jede andere Zeremonie wie eine Evokation, eine Invokation, eine Einweihung und alle geheimen Rituale sollte nur durchgeführt werden, wenn der Tempel „offen" ist. Auch bei Einweihungen sollte die Geburt, der Tod und die Hochzeit (mit solchen Ritualen, wie sie gelehrt werden), nur in dem eröffneten Tempel durchgeführt werden.

IV   Ein neues Ritual

Die Teilnehmer dieses Rituals sind der Ipsissimus (Kether), der Magus (Chokmah), Shekinah (Binah; Ordens-Titel: „Magister Tempel"), der Schlangen-Priester (Schlange der Weisheit), der Feuer-Priester (Blitzstrahl der Schöpfung) und der Einzuweihende selber.

Der Einzuweihende ist ein Adeptus Exemptus (Chesed). Der Schlangen-Priester und der Feuer-Priester sollten mindestens den Da'ath-Grad (Infans Abyssi) erreicht haben.

Man kann das Ritual auch mit Personen durchführen, die noch in keiner Weise mit diesen Sephiroth bzw. diesen Ordens-Graden vertraut sind – es ist jedoch anzunehmen, daß das Ritual dann weniger effektiv werden wird.

Natürlich ist das formelle Erreichen eines solchen Ordens-Grades bei weitem nicht so wichtig wie die tatsächlichen Fähigkeiten der Personen, die dieses Ritual leiten. Idealerweise können sie sich in den Da'ath-Zustand versetzen, der als Gedankenstille, Dharana, Ananda, Formlosigkeit, Abgrenzungslosigkeit, spontanes Bewirkens von „Wundern" (außergewöhnlicher Magie) oder ähnlichem erscheinen kann. Wenn mehrere Personen einer anderen Person eine bestimmte Qualität oder einen Bewußtseinszustand vermitteln wollen, ist es ausgesprochen hilfreich, wenn sie selber diesen Zustand erreichen und eine Weile in ihm verweilen und diesen Zustand zudem auch auf einen anderen ausdehnen können.

Dieses Grundprinzip liegt auch dem bereits geschilderten Ritual von Crowley zugrunde, in dem es darum geht, daß der Magier die Psyche (das Ego) des Kandidaten vollständig mit sich selber identifiziert und den Kandidaten in denselben Zustand versetzt, in dem sich auch der Magier befindet.

Das „Infans Abyssi"-Ritual besteht – wenn man es vom Lebensbaum her betrachtet – aus zwei Teilen: dem Überschreiten des Abgrundes und dem Erreichen von Da'ath. Dies ist dieselbe Struktur wie beim Überqueren der Schwelle und dem Erreichen von Yesod und wie bei dem Überqueren des Grabens und dem Erreichen von Tiphareth.

1. Der Abgrund ist im Wesentlichen der Übergang von dem Bereich der Seelen (Tiphareth, Geburah, Chesed) zu dem Bereich der Gottheiten (Da'ath, Binah, Chokmah).

Auf dem kabbalistischen Lebensbaum, der diesem Ritual als „Landkarte" dient, gibt es fünf Pfade, die den Abgrund überqueren:

- der Pfad von Tiphareth nach Binah; Tarot: „Die Liebenden"
- der Pfad von Tiphareth nach Chokmah; Tarot: „Der Herrscher"
- der Pfad von Tiphareth nach Kether; Tarot: „Die Hohepriesterin"
- der Pfad von Geburah nach Binah; Tarot: „Der Siegeswagen"

- der Pfad von Chesed nach Chokmah; Tarot: „Der Hohepriester"

Weiter gibt es zwei „unsichtbare Pfade", die nicht in der Lebensbaum-Graphik eingezeichnet sind und denen daher auch keine Tarotkarte zugeordnet worden ist:

- der Pfad von Geburah nach Da'ath (und weiter nach Chokmah)
- der Pfad von Chesed nach Da'ath (und weiter nach Binah)

2. Da'ath ist im Wesentlichen der abgrenzungslose Bereich. Das bedeutet nicht, daß hier alles ohne jegliche Struktur und Qualität ist, sondern nur, daß sich alles frei miteinander verbinden kann und es eben keine Abgrenzungen und Intensitäts-Unterschiede gibt.

Man kann diesen Da'ath-Zustand vermutlich am besten anhand des Beispiels unseres Universums beschreiben: In den ersten 700 Jahren nach dem Urknall war die Materie und die Energie in unserem Universum noch so groß und so dicht, daß das gesamte Universum überall gleich dicht und gleich heiß und gleich hell war – das Universum war zu dieser Zeit sozusagen eine einzige große Sonne, die das gesamte Universum ausgefüllt hat ohne daß es irgendwo leeren Raum gegeben hätte. Diese „Ur-Sonne" war überall und hat den gesamten Raum ausgefüllt und hatte daher auch keine Mitte.

Da'ath hat dieselbe Dynamik wie Energie, also wie z.B. Licht (elektromagnetische Wellen) oder Gravitation: Energie überlagert sich gegenseitig, aber schließt sich nicht gegenseitig aus, da sie eben keine „feste Hülle" hat wie Materie. Daher wird in Da'ath auch im Bewußtsein jede Art der Abgrenzung aufgelöst – wie die Buddhisten im Herzsutra sagen: „Form ist Leere und Leere ist Form"; oder wie es die Kabbalisten formuliert haben: „Kether ist Malkuth und Malkuth ist Kether – nur auf eine andere Weise."

Individuell kann Da'ath daher als Abgrenzungslosigkeit, als Stille, als Schwerelosigkeit, als die Auflösung der eigenen Seele in ihre Schutzgottheit (sie ist das „Meer", von dem die Seele ein „Tropfen" ist), und noch ähnliches mehr erlebt werden.

Es gibt verschiedene Elemente, die in einem Da'ath-Ritual eine Rolle spielen können:
- die Anrufung der eigenen Schutzgottheit
- die abgrenzungslose Verbundenheit der eigenen Schutzgottheit mit anderen Gottheiten
- das Eintreten in eine Mythologie, d.h. in eine Gemeinschaft von Gottheiten
- selber in allen eigenen Teilen des Körpes und des Lebenskraftkörpers

(Chakren) zur Gottheit werden
- die Polarität auf dem Lebensbaum:
- <u>Leib</u> (Malkuth): einpolar (die „Eindeutigkeit" der Materie)
- <u>Psyche/Lebenskraft</u> (Yesod, Hod, Netzach): zweipolar (anziehen und abstoßen, plus und minus, ersehnen und vermeiden usw.)
- <u>Seele</u> (Tiphareth, Geburah, Chesed): dreipolar (die Seele und ihre zwei „Geschwister-artige Begleiter", die das der Seele entgegengesetzte Geschlecht haben)
- <u>Gottheiten</u> (Da'ath, Binah, Chokmah): zweipolar (Gottheiten mit entgegengesetzen Wirkungen)
- Gott (Kether): einpolar (Gott ist das Eine-Alles-Einzige)

Aus diesen Elemente und verschiedenen anderen Betrachtungen über den kabbalistischen Lebensbaum und seine vielfältigen Anwendungsmöglichkeiten[147] sowie vor allem aus den Erlebnissen mit Da'ath in Ritualen, in der Magie allgemein, auf Traumreisen, in Meditationen, in Visionen usw. kann man nun ein Da'ath-Ritual erschaffen, das man als Einweihung für ein Infans Abyssi, also für ein „Kind des Abgrunds" verwenden kann.

Das hier angeführte Ritual enthält sowohl den Abgrund-Teil als auch den Da'ath-Teil. Es wäre natürlich auch möglich, diese beiden Teile wie das Portal-Ritual (Ritual des Grabens auf dem Lebensbaum) und das Einweihungs-Ritual des Adeptus Minor (Tiphareth-Ritual auf dem Lebensbaum) zu trennen und als zwei Rituale durchzuführen. Das Ritual läßt sich bei Bedarf ohne großen Aufwand in diese zwei Teile zerlegen, sodaß man diese beiden Teile einzeln durchführen kann. Meines Erachtens gehören beide Teile jedoch so fest zusammen, daß mir die Durchführung beider Teile in nur einem Ritual sinnvoller erscheint.

Wie auch in meinem Buch über die Rituale des Adeptus Major (Geburah) und den Adeptus Exemptus (Chesed) wird dieses Ritual hier einmal als Gruppen-Ritual und einmal als Solo-Ritual angeführt.

---

147 Siehe bei Bedarf meine drei Bücher „Blüten des Lebensbaumes".

A Das Gruppen-Ritual

Der Tempel ist wie folgt aufgebaut:
- Hauptraum, Vorraum mit sieben Pfaden
- die drei Säulen im Osten
- der zentrale Platz im Tempel: Sonnensymbol (Kreis mit kleinem Kreis im Zentrum), Pentagramm, Kreuz
- je ein Amethyst in den vier Ecken des Tempels
- sieben Pfade im Vorraum
- Lebenskraft-Diagramm
- Lebensbaum-Diagramm

Die Teilnehmer des Rituals sind:
- Ipsissimus (Kether)
- Magus (Chokmah)
- Shekinah oder Magister Templi (Binah)
- Schlangen-Priester (Schlange der Weisheit)
- Feuer-Priester (Blitzstrahl der Schöpfung)
- Einzuweihender (Adeptus Exemptus)

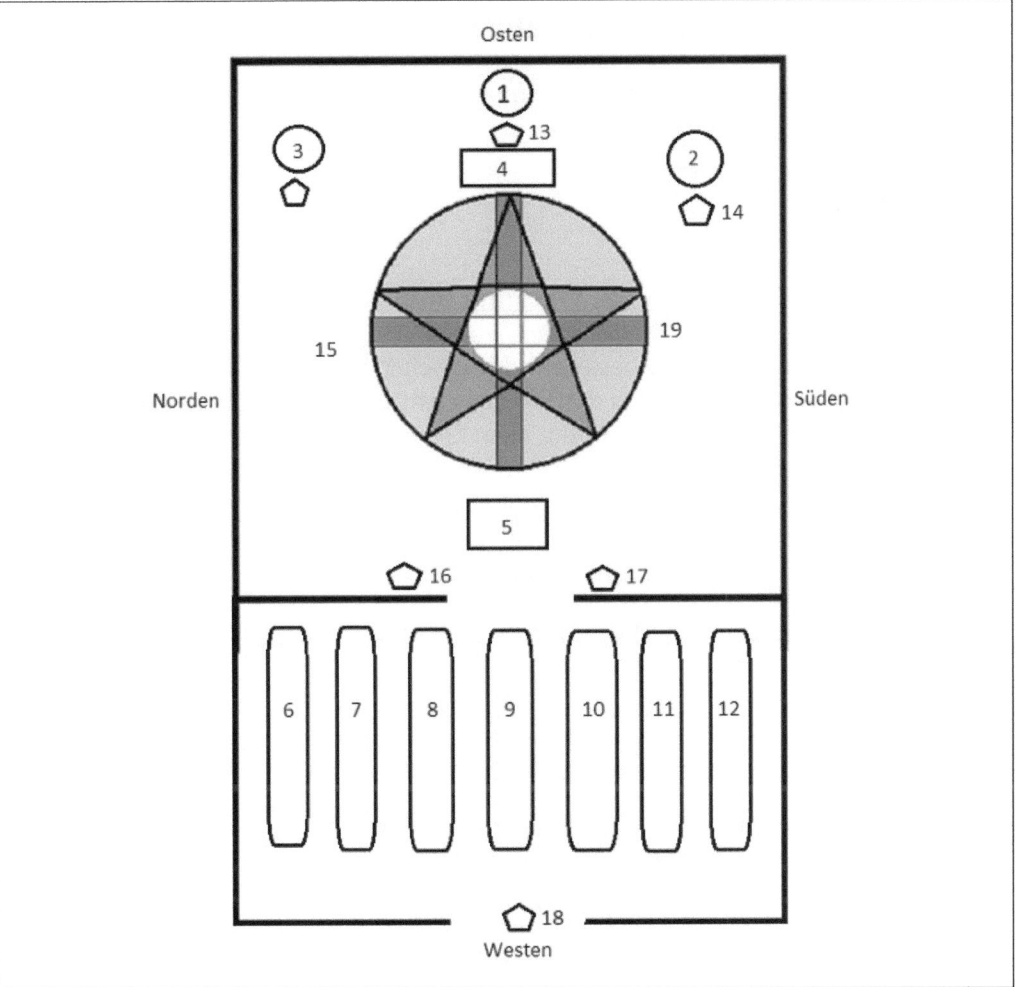

1. Säule des Lichts (Mittlere Säule)	11. der 15. Pfad („Der Herrscher")
2. Säule des Feuers	12. der 16. Pfad („Der Hohepriester")
3. Säule des Wassers	13. Ipsissimus
4. Diagramm der Lebenskraft	14. Magus
5. Diagramm des Lebensbaumes	15. Shekinah
6. der 18. Pfad („Der Siegeswagen")	16. Feuer-Priester
7. der 17. Pfad („Die Liebenden")	17. Schlangen-Priester
8. Pfad von Geburah nach Da'ath	18. Einzuweihender
9. der13. Pfad („Die Hohepriesterin")	19. zentraler Platz im Tempel
10. Pfad von Chesed nach Da'ath	

- Die Eröffnung des Tempels -

An der Eröffnung nehmen der Ipsissimus, der Magus, Shekinah, der Schlangen-Priester und der Feuer-Priester teil.

Der Kandidat wartet vor dem Vorraum.

1. Schutz, Weihung und Anrufung

Die Eröffnung des Tempels besteht in klassischer Weise aus dem Schutzkreis des Kleinen Pentagramm-Rituals, aus der Weihung mit dem passenden Element und dem passenden Planeten sowie der Anrufung einer Gottheit, die zu der Sephirah gehört.

a) Das Pentagramm-Ritual

Der Feuer-Priester führt das Kleine Pentagramm-Ritual durch.

Der Schlangen-Priester geht von Osten her einmal im Uhrzeigersinn im Kreis innen um den Tempel herum, versprenkelt (geweihtes) Wasser und spricht:

„So muß deshalb zuerst der Priester, der die Arbeiten des Feuers beherrscht, das Weihwasser des lautbrandenden Meeres versprühen."

Die anwesenden Magier/Priester imaginieren den gesamten Tempel als eine Insel in einem endlosen Meer.

Der Feuer-Priester geht von Osten her einmal im Kreis innen um den Tempel herum, räuchert mit einem Räuchergefäß o.ä. und spricht:

„Und wenn Du, nachdem alle Phantome geflohen sind, das heilige, formlose Feuer siehst – das Feuer, das durch die Tiefen des Universums blitzt und flammt – höre dann die Stimme des Feuers!"

Die anwesenden Magier/Priester imaginieren den gesamten Tempel als eine Insel in einem endlosen Meer, die an ihrem Rand von einer schützenden Waberlohe umgeben ist.

Shekinah steht in der Mitte des Tempels, blickt nach Osten, erhebt die Arme (Haltung der Man-Rune) und spricht:

„Heilig seid Ihr, Herr des Universums!
Heilig seid Ihr, den die Natur nicht erschaffen hat!
Heilig seid Ihr, der Eine-Alles-Einzige!"

Die anwesenden Magier/Priester imaginieren den gesamten Tempel als eine Insel in einem endlosen Meer, die an ihrem Rand von einer schützenden Waberlohe umgeben und die von Licht erfüllt ist.

Der Schlangen-Priester geht von Osten aus im Uhrzeigersinn nacheinander zu den vier Amethysten, die in den Ecken des Tempel liegen und spricht bei jedem dieser Steine:
„Weite des Raumes, erwache!
Bewußtsein in Da'ath, erwache!
Lichtbringer, erwache!
Erfülle diesen Tempel mit der Klarheit des höchsten Gipfels!"

Die anwesenden Magier/Priester imaginieren den gesamten Tempel als eine Insel in einem endlosen Meer, die an ihrem Rand von einer schützenden Waberlohe umgeben und die von Licht erfüllt ist – und daß diese Insel nun von der Weite, dem Bewußtsein und der Abgrenzungslosigkeit von Da'ath erfüllt wird.

b)   Die Licht-Pentagramme

Der Schlangen-Priester führt in den vier Richtungen im Uhrzeigersinn im Osten beginnend das passive, empfangende Licht-Pentagramm durch:

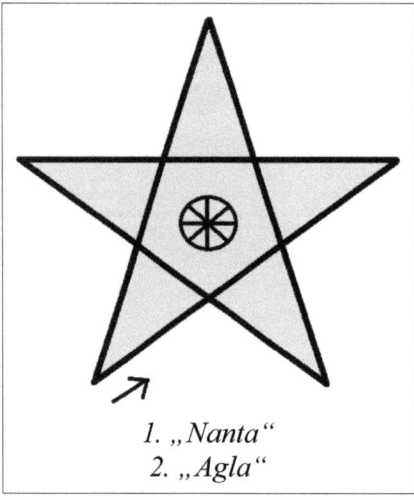

1. „Nanta"
2. „Agla"

<u>1. Licht-Pentagramm</u>: Das Licht-Pentagramm mit den Fingerspitzen in die Luft zeichnen und imaginieren und dabei „Nanta" singen.

<u>2. Licht-Symbol</u>: Dann das Licht-Symbol in die Luft zeichnen und imaginieren und „Agla" singen.

<u>3. Öffnen des Schleiers</u>: Man macht dort, wo man dieses Pentagramm in die Luft gezeichnet und imaginiert hat, mit beiden Händen eine Geste, als würde man zwei Vorhänge in der Mitte von oben nach unten hin teilen und sie dann nach links und rechts fortschieben und dadurch wie ein zweiflügeliges Tor öffnen.

Der Feuer-Priester führt in den vier Richtungen im Uhrzeigersinn im Osten beginnend das aktive, gestaltende Licht-Pentagramm durch:

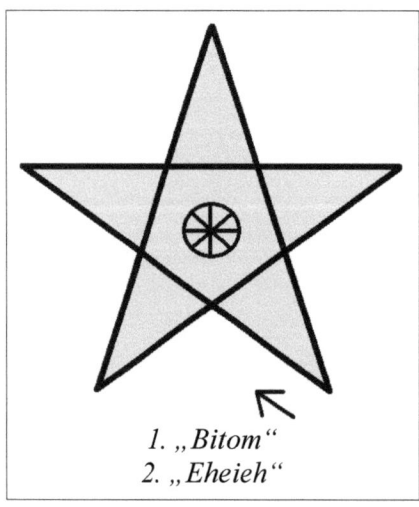

1. „Bitom"
2. „Eheieh"

<u>1. Licht-Pentagramm</u>: Das Licht-Pentagramm mit den Fingerspitzen in die Luft zeichnen und imaginieren und dabei „Bitom" singen.

<u>2. Licht-Symbol</u>: Dann das Licht-Symbol in die Luft zeichnen und imaginieren und „Eheieh" singen.

<u>3. Öffnen des Schleiers</u>: Man macht dort, wo man dieses Pentagramm in die Luft gezeichnet und imaginiert hat, mit beiden Händen eine Geste, als würde man zwei Vorhänge nach links und rechts fortschieben und dadurch ein Tor öffnen.

c)   Die Saturn-Hexagramme

Shekinah führt in den vier Richtungen im Uhrzeigersinn im Osten beginnend das Saturn-Hexagramm durch:

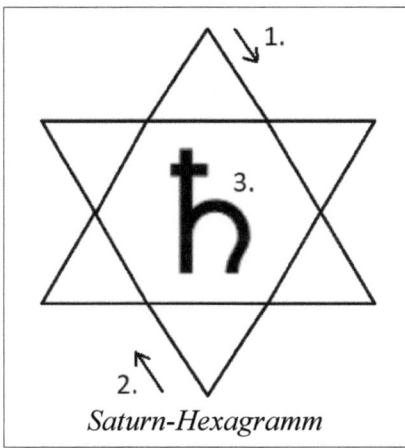

Saturn-Hexagramm

1. Saturn-Hexagramm: Das obere Dreieck des Hexagramms mit den Fingerspitzen in die Luft zeichnen und imaginieren und dabei „Yod-He-Vau-He" singen.

2. Saturn-Hexagramm: Das untere Dreieck des Hexagramms mit den Fingerspitzen in die Luft zeichnen und imaginieren und dabei „Elohim" singen.

3. Saturn-Symbol Das Saturn-Symbol mit den Fingerspitzen in die Luft zeichnen und imaginieren und dabei „Ararita" singen.

d)   Die Anrufung des Lichtbringers

Der Ipsissimus steht in der Mitte des Tempels, der Magus im Süden, Shekinah im Norden, der Schlangen-Priester im Westen und der Feuer-Priester im Osten.

Sie rufen gemeinsam den Lichtbringer an.

Sie sprechen zügig und kraftvoll und lassen keine Lücke zwischen den Worten des vorigen Sprechers und den eigenen Worten, sodaß die Worte dieser Anrufung zu einem strömenden Fluß werden, der entsprechend der Folge, in der die Magier sprechen, zu einem Wirbel im Uhrzeigersinn wird (Schlangen-Priester im Westen, Shekinah im Norden, Feuer-Priester im Osten, Magus im Süden usw.), der zugleich durch die Worte des Ipsissimus in der Mitte zentriert wird.

Die fünf Magier imaginieren diesen Lebenskraft-Wirbel, der schließlich den senkrechten Lichtstrahl in der Mitte des Wirbels entstehen läßt (der Pfad von Kether nach Da'ath), in dem der Lichtbringer von Kether nach Da'ath herabkommt.

Dies ist eine ausführlichere und intensivere Form der „Übung der Mittleren Säule".

Die sechs Strophen (Runden) der Anrufung werden zweimal wiederholt, sodaß es insgesamt achtzehn Strophen sind (so wie sie unten angegeben sind).

Alle führen gemeinsam die Übung der Mittleren Säule durch:
„*Ateh Malkuth ve-Gebruah ve-Gedulah le-Olam Amen.*
Eheieh.
Yod-He-Vau-He Elohim.
Yod-He-Vau-He Eloah va-Da'ath.
Shaddai el-Chai.
Adonai ha-Aretz.
Ateh Malkuth ve-Gebruah ve-Gedulah le-Olam Amen."

Schlangen-Priester: „*Zen-Mönch in der Stille-Meditation, ich rufe Dich!*"
  Ipsissimus: „*Lichtbringer, ich rufe Dich!*"
Shekinah: „*Yogi, der sieben Fuß über dem Boden schwebt, ich rufe Dich!*"
  Ipsissimus: „*Lichtbringer, ich rufe Dich!*"
Feuer-Priester: „*Derwisch im Wirbeltanz, ich rufe Dich!*"
  Ipsissimus: „*Lichtbringer, ich rufe Dich!*"
Magus: „*Shaolin mit der magischen Körperbeherrschung, ich rufe Dich!*"
  Ipsissimus: „*Lichtbringer, ich rufe Dich!*"

Schlangen-Priester: *„Buddha unter dem Bo-Baum, ich rufe Dich!"*
   Ipsissimus: *„Lichtbringer, ich rufe Dich!"*
Shekinah: *„Lao-tse am Gelben Fluß, ich rufe Dich!"*
   Ipsissimus: *„Lichtbringer, ich rufe Dich!"*
Feuer-Priester: *„Naropa, der über das Wasser des Tempelsees geht, ich rufe Dich!"*
   Ipsissimus: *„Lichtbringer, ich rufe Dich!"*
Magus: *„Merlin auf dem Hügelgrab, ich rufe Dich!"*
   Ipsissimus: *„Lichtbringer, ich rufe Dich!"*

Schlangen-Priester: *„Moses auf dem Berg, ich rufe Dich!"*
   Ipsissimus: *„Lichtbringer, ich rufe Dich!"*
Shekinah: *„Christus auf dem Berg mit Moses und Elias, ich rufe Dich!"*
   Ipsissimus: *„Lichtbringer, ich rufe Dich!"*
Feuer-Priester: *„Abramelin in seiner Einsiedelei, ich rufe Dich!"*
   Ipsissimus: *„Lichtbringer, ich rufe Dich!"*
Magus: *„Luzifer als junger Mann, ich rufe Dich!"*
   Ipsissimus: *„Lichtbringer, ich rufe Dich!"*

Schlangen-Priester: *„Tanzender Krishna, ich rufe Dich!"*
   Ipsissimus: *„Lichtbringer, ich rufe Dich!"*
Shekinah: *„Shiva mit der erwachten Kundalini, ich rufe Dich!"*
   Ipsissimus: *„Lichtbringer, ich rufe Dich!"*
Feuer-Priester: *„Licht des Himmels in der Schwitzhütte, ich rufe Dich!"*
   Ipsissimus: *„Lichtbringer, ich rufe Dich!"*
Magus: *„Shu, der den Sem-Priester ins Jenseits trägt, ich rufe Dich!"*
   Ipsissimus: *„Lichtbringer, ich rufe Dich!"*

Schlangen-Priester: *„Jenseitsgöttin im Hügelgrab, ich rufe Dich!"*
   Ipsissimus: *„Lichtbringer, ich rufe Dich!"*
Shekinah: *„Charon am Jenseitsfluß, ich rufe Dich!"*
   Ipsissimus: *„Lichtbringer, ich rufe Dich!"*
Feuer-Priester: *„Zweigesichtiger Fährmann in der Duat, ich rufe Dich!"*
   Ipsissimus: *„Lichtbringer, ich rufe Dich!"*
Magus: *„Brücke über den Abgrund, ich rufe Dich!"*
   Ipsissimus: *„Lichtbringer, ich rufe Dich!"*

Schlangen-Priester: *„Sephirah Da'ath, ich rufe Dich!"*
Ipsissimus: *„Lichtbringer, ich rufe Dich!"*
Shekinah: *„Leuchten des Scheitelchakras, ich rufe Dich!"*
Ipsissimus: *„Lichtbringer, ich rufe Dich!"*
Feuer-Priester: *„Irin-Engel, Bote des Metatron, ich rufe Dich!"*
Ipsissimus: *„Lichtbringer, ich rufe Dich!"*
Magus: *„Baum der Erkenntnis des Guten und des Bösen, ich rufe Dich!"*
Ipsissimus: *„Lichtbringer, ich rufe Dich!"*

Schlangen-Priester: *„Zen-Mönch in der Stille-Meditation, ich rufe Dich!"*
Ipsissimus: *„Lichtbringer, ich rufe Dich!"*
Shekinah: *„Yogi, der sieben Fuß über dem Boden schwebt, ich rufe Dich!"*
Ipsissimus: *„Lichtbringer, ich rufe Dich!"*
Feuer-Priester: *„Derwisch im Wirbeltanz, ich rufe Dich!"*
Ipsissimus: *„Lichtbringer, ich rufe Dich!"*
Magus: *„Shaolin mit der magischen Körperbeherrschung, ich rufe Dich!"*
Ipsissimus: *„Lichtbringer, ich rufe Dich!"*

Schlangen-Priester: *„Buddha unter dem Bo-Baum, ich rufe Dich!"*
Ipsissimus: *„Lichtbringer, ich rufe Dich!"*
Shekinah: *„Lao-tse am Gelben Fluß, ich rufe Dich!"*
Ipsissimus: *„Lichtbringer, ich rufe Dich!"*
Feuer-Priester: *„Naropa, der über das Wasser des Tempelsees geht, ich rufe Dich!"*
Ipsissimus: *„Lichtbringer, ich rufe Dich!"*
Magus: *„Merlin auf dem Hügelgrab, ich rufe Dich!"*
Ipsissimus: *„Lichtbringer, ich rufe Dich!"*

Schlangen-Priester: *„Moses auf dem Berg, ich rufe Dich!"*
Ipsissimus: *„Lichtbringer, ich rufe Dich!"*
Shekinah: *„Christus auf dem Berg mit Moses und Elias, ich rufe Dich!"*
Ipsissimus: *„Lichtbringer, ich rufe Dich!"*
Feuer-Priester: *„Abramelin in seiner Einsiedelei, ich rufe Dich!"*
Ipsissimus: *„Lichtbringer, ich rufe Dich!"*
Magus: *„Luzifer als junger Mann, ich rufe Dich!"*
Ipsissimus: *„Lichtbringer, ich rufe Dich!"*

Schlangen-Priester: „*Tanzender Krishna, ich rufe Dich!*"
Ipsissimus: „*Lichtbringer, ich rufe Dich!*"
Shekinah: „*Shiva mit der erwachten Kundalini, ich rufe Dich!*"
Ipsissimus: „*Lichtbringer, ich rufe Dich!*"
Feuer-Priester: „*Licht des Himmels in der Schwitzhütte, ich rufe Dich!*"
Ipsissimus: „*Lichtbringer, ich rufe Dich!*"
Magus: „*Shu, der den Sem-Priester ins Jenseits trägt, ich rufe Dich!*"
Ipsissimus: „*Lichtbringer, ich rufe Dich!*"

Schlangen-Priester: „*Jenseitsgöttin im Hügelgrab, ich rufe Dich!*"
Ipsissimus: „*Lichtbringer, ich rufe Dich!*"
Shekinah: „*Charon am Jenseitsfluß, ich rufe Dich!*"
Ipsissimus: „*Lichtbringer, ich rufe Dich!*"
Feuer-Priester: „*Zweigesichtiger Fährmann in der Duat, ich rufe Dich!*"
Ipsissimus: „*Lichtbringer, ich rufe Dich!*"
Magus: „*Brücke über den Abgrund, ich rufe Dich!*"
Ipsissimus: „*Lichtbringer, ich rufe Dich!*"

Schlangen-Priester: „*Sephirah Da'ath, ich rufe Dich!*"
Ipsissimus: „*Lichtbringer, ich rufe Dich!*"
Shekinah: „*Leuchten des Scheitelchakras, ich rufe Dich!*"
Ipsissimus: „*Lichtbringer, ich rufe Dich!*"
Feuer-Priester: „*Irin-Engel, Bote des Metatron, ich rufe Dich!*"
Ipsissimus: „*Lichtbringer, ich rufe Dich!*"
Magus: „*Baum der Erkenntnis des Guten und des Bösen, ich rufe Dich!*"
Ipsissimus: „*Lichtbringer, ich rufe Dich!*"

Schlangen-Priester: „*Zen-Mönch in der Stille-Meditation, ich rufe Dich!*"
Ipsissimus: „*Lichtbringer, ich rufe Dich!*"
Shekinah: „*Yogi, der sieben Fuß über dem Boden schwebt, ich rufe Dich!*"
Ipsissimus: „*Lichtbringer, ich rufe Dich!*"
Feuer-Priester: „*Derwisch im Wirbeltanz, ich rufe Dich!*"
Ipsissimus: „*Lichtbringer, ich rufe Dich!*"
Magus: „*Shaolin mit der magischen Körperbeherrschung, ich rufe Dich!*"
Ipsissimus: „*Lichtbringer, ich rufe Dich!*"

Schlangen-Priester: *„Buddha unter dem Bo-Baum, ich rufe Dich!"*
Ipsissimus: *„Lichtbringer, ich rufe Dich!"*
Shekinah: *„Lao-tse am Gelben Fluß, ich rufe Dich!"*
Ipsissimus: *„Lichtbringer, ich rufe Dich!"*
Feuer-Priester: *„Naropa, der über das Wasser des Tempelsees geht, ich rufe Dich!"*
Ipsissimus: *„Lichtbringer, ich rufe Dich!"*
Magus: *„Merlin auf dem Hügelgrab, ich rufe Dich!"*
Ipsissimus: *„Lichtbringer, ich rufe Dich!"*

Schlangen-Priester: *„Moses auf dem Berg, ich rufe Dich!"*
Ipsissimus: *„Lichtbringer, ich rufe Dich!"*
Shekinah: *„Christus auf dem Berg mit Moses und Elias, ich rufe Dich!"*
Ipsissimus: *„Lichtbringer, ich rufe Dich!"*
Feuer-Priester: *„Abramelin in seiner Einsiedelei, ich rufe Dich!"*
Ipsissimus: *„Lichtbringer, ich rufe Dich!"*
Magus: *„Luzifer als junger Mann, ich rufe Dich!"*
Ipsissimus: *„Lichtbringer, ich rufe Dich!"*

Schlangen-Priester: *„Tanzender Krishna, ich rufe Dich!"*
Ipsissimus: *„Lichtbringer, ich rufe Dich!"*
Shekinah: *„Shiva mit der erwachten Kundalini, ich rufe Dich!"*
Ipsissimus: *„Lichtbringer, ich rufe Dich!"*
Feuer-Priester: *„Licht des Himmels in der Schwitzhütte, ich rufe Dich!"*
Ipsissimus: *„Lichtbringer, ich rufe Dich!"*
Magus: *„Shu, der den Sem-Priester ins Jenseits trägt, ich rufe Dich!"*
Ipsissimus: *„Lichtbringer, ich rufe Dich!"*

Schlangen-Priester: *„Jenseitsgöttin im Hügelgrab, ich rufe Dich!"*
Ipsissimus: *„Lichtbringer, ich rufe Dich!"*
Shekinah: *„Charon am Jenseitsfluß, ich rufe Dich!"*
Ipsissimus: *„Lichtbringer, ich rufe Dich!"*
Feuer-Priester: *„Zweigesichtiger Fährmann in der Duat, ich rufe Dich!"*
Ipsissimus: *„Lichtbringer, ich rufe Dich!"*
Magus: *„Brücke über den Abgrund, ich rufe Dich!"*
Ipsissimus: *„Lichtbringer, ich rufe Dich!"*

Schlangen-Priester: *„Sephirah Da'ath, ich rufe Dich!"*
  Ipsissimus: *„Lichtbringer, ich rufe Dich!"*
Shekinah: *„Leuchten des Scheitelchakras, ich rufe Dich!"*
  Ipsissimus: *„Lichtbringer, ich rufe Dich!"*
Feuer-Priester: *„Irin-Engel, Bote des Metatron, ich rufe Dich!"*
  Ipsissimus: *„Lichtbringer, ich rufe Dich!"*
Magus: *„Baum der Erkenntnis des Guten und des Bösen, ich rufe Dich!"*
  Ipsissimus: *„Lichtbringer, ich rufe Dich!"*

Alle schweigen eine Weile und spüren das Licht und seine Qualität und den Lichtbringer.

Ipsissimus: *„Ho!"*

Alle: *„Ho!"*

- Das Überqueren des Abgrundes -

Der Schlangen-Priester öffnet die Tür zum Vorraum, vor dem der Einzuweihende wartet.

2. Der Abgrund

Schlangen-Priester: *„Als Du Chesed erreicht hast, ist Dein Drittes Auge geöffnet worden, sodaß Du nun den ganzen Lebensbaum sehen kannst – auch wenn Du noch nicht an jeden Ort auf ihm gehen und dort leben kannst.*

Du stehst als Adeptus Exemptus in Chesed.
Willst Du weitergehen?
Willst Du nach Da'ath gehen?
Willst Du ein Infans Abyssi werden?
Willst Du in den Abgrund springen?
Willst Du über Wasser schweben?
Willst Du Dich in die Luft erheben?
Willst Du durch Feuer gehen? "

Einzuweihender: *„Ja, das will ich. "*

Schlangen-Priester: *„ Dann tritt in den Vorraum des Tempels ein. "*

Der Einzuweihender übertritt die Schwelle und steht nun an der Westseite des Vorraums.

3. Der Weg zum Abgrund

Vor ihm liegt auf einem Altar ein Bild des kabbalistischen Weltenbaumes, auf dem die Tarotkarten ausgelegt worden sind.

a) die Sephiroth, die Grade und die Pfade

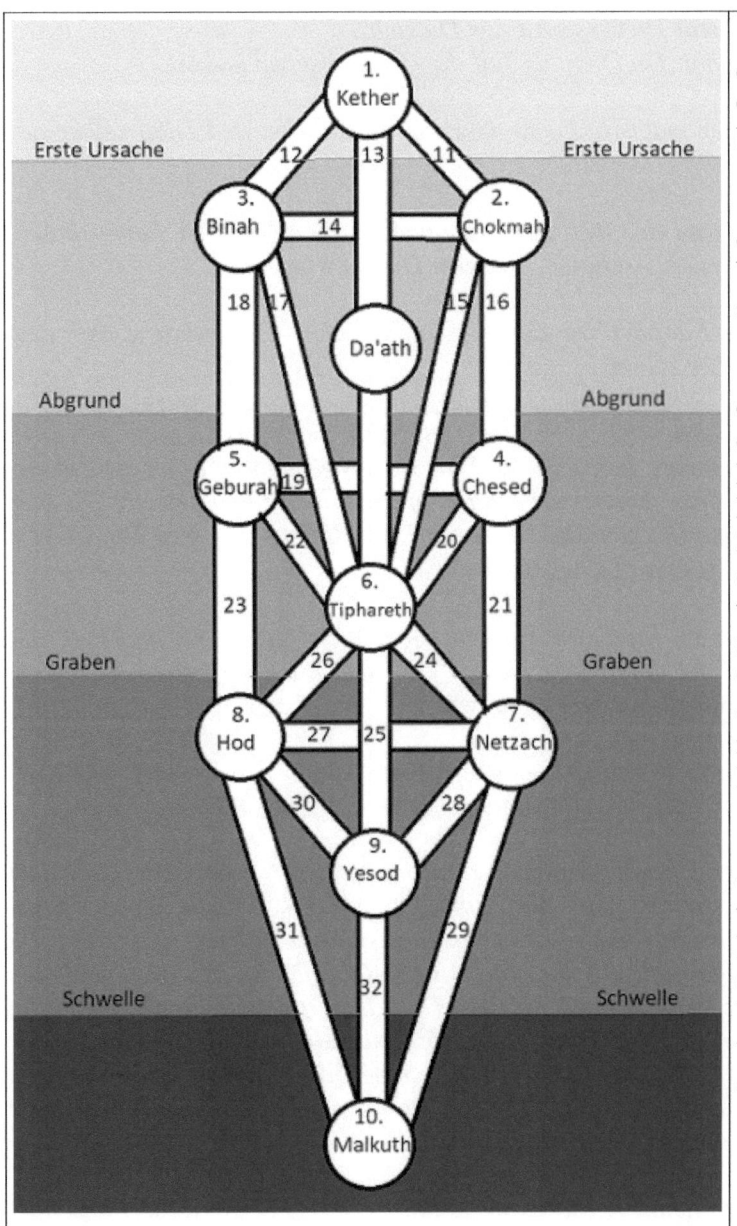

Die 11 Kugeln sind die Sephiroth, die die Grundstruktur des Lebensbaumes darstellen.

Die 22 Linien sind die Verbindungen bzw. Verwandlungen zwischen den 11 Sephiroth.

Die 10 Sephiroth (ohne Da'ath) entsprechen den Elemente-Karten des Tarot; die 22 Pfade entsprechen den 22 „Großen Arkana" des Tarot; die Hofkarten werden wie folgt zugeordnet: Könige – Chokmah; Königinnen - Binah; Ritter – Tiphareth; Knappen – Malkuth.

Die fünf in verschiedenen Grautönen gehaltenen Hintergründe markieren die fünf Bereiche auf dem Lebensbaum, die durch die vier Übergänge voneinander getrennt werden.

Schlangen-Priester:
„Betrachte das Ganze, damit Du das Einzelne verstehen kannst.
Betrachte das Ganze, damit Du verstehst, wo Du stehst.
Betrachte das Ganze, damit Du Dich als Teil des Ganzen sehen kannst.
... ...
Das wird es Dir leichter machen, Deine Grenzen aufzulösen und Dich selber dadurch nicht zu verlieren.

Schaue – hier ist das Bild der Welt auf diesem Altar zu sehen: der Lebensbaum. Hier ist Dein Weg beschrieben – schaue. Erkennst Du ihn wieder?

Einst standest Du als Neophyt vor dem Orden, vor dem Lebensbaum, vor dem Anfang Deines Weges zu Dir selber.

Dann tratst Du in den Orden ein, erreichtest Malkuth, begannst zu unterscheiden, begannst zu gehen, hast Deinen Leib auf der Erde lieben gelernt und bist ein Zelator geworden. Du hast Dich unter den Schutz des Erzengels Sandalphon gestellt. Die vier 10er-Karten des Tarots und die vier Buben waren Dein Anfang. Da hast Du die vier Elemente Feuer, Wasser, Luft und Erde gesehen.

Dann bist Du über den 32. Pfad von Malkuth nach Yesod gegangen und hast von der tanzenden Göttin auf der Tarotkarte „Die Welt" die ersten Geheimnisse gelernt und begonnen, die Lebenskraft in allem zu ahnen.

So hast Du die Schwelle zwischen Wachbewußtsein und Traumbewußtsein, zwischen Außen und Innen, zwischen Naturwissenschaften und Magie überschritten.

Dann hast Du Yesod erreicht, die Sephirah des Mondes, das Fundament. Dort hast Du Dein Wurzelchakra gespürt und die Kundalini erweckt, in die Kristallkugel geschaut, Traumreisen gemacht und die Lebenskraft lenken gelernt. Hier hast Du erkannt, daß Dein Wachbewußtsein nur die Alltags-Oberfläche des viel größeren Traumbewußtseins in Dir ist – dadurch hat sich Dein Identitätsmittelpunkt ein wenig aus dem Wachbewußtsein in Dein Unterbewußtsein verschoben: Der Baum Deines Bewußtsein hat Wurzeln bekommen. So bist Du unter dem Schutz des Erzengels Gabriel zu einem Theoricus geworden. Die vier 9er-Karten des Tarots haben Dich bereichert und Dir Fülle gezeigt.

Als nächstes bist Du auf dem 31. Pfad von Malkuth nach Hod gewandert und hast die Welt bewußt betrachtet und einen Teil ihrer Gesetze erkannt. Dies ist die Gabe der Tarotkarte „Die Auferstehung", die Dich von dem reflexhaften Handeln zu einem bewußteren Handeln geführt hat.

Dann bist Du auf dem 30. Pfad von Yesod nach Hod aufgestiegen und hast gelernt, die Vielfalt der Erscheinungen der Lebenskraft genau zu betrachten und hast damit begonnen, Dir ein klares und fundiertes Urteil über die Möglichkeiten der Magie zu bilden. Da begann sich in Dir die Tarotkarte „Die Sonne" zu entfalten.

Dann bist Du nach Hod gelangt, dessen König der Planet Merkur ist. Hier wird das Hara ausgebildet, indem Du Klarheit und einen festen Standpunkt erschaffen hast, von dem aus Du die Dinge betrachten kannst. So bist Du zu einem Practicus geworden, der unter der Obhut des Erzengels Michael steht. Hier schaffen die vier 8er-Karten des Tarot neue Strukturen und Formen. Hier sind Maß und Zahl das wichtigste Hilfsmittel.

Auf dem 29. Pfad bist Du von Malkuth nach Netzach gewandert und hast erkannt, wie Deine Gefühle und Impulse Deine Taten formen. Auf diesem Weg war die Tarotkarte „Der Mond" Dein Helfer: der Blick in das, was zuvor in Dir verborgen gewesen ist.

Als nächstes bist Du auf dem 28. Pfad von Yesod nach Netzach gegangen und hast viele alte Gefühle und Gefühls-Erinnerungen in Dir entdeckt – mit Traumreisen, mit Meditationen, mit Heilungen, mit Familienaufstellungen und vielem mehr. Auf diesem Weg hat Dir die Tarot-Karte „Der Stern" geholfen, alte Formen von fixierten Gefühlen, die Dich eingeengt haben, aufzulösen und wieder freier zu werden und neue Visionen zu erlangen.

Auf dem 27. Pfad bist Du von Hod nach Netzach gewandert und hast den so weit verbreiteten Widerspruch zwischen Denken und Fühlen aufgelöst, indem Du alle Gefühle durchdacht und alle Gedanken durchfühlt hast. Das hat dazu geführt, daß Du die Tarotkarte „Der Turm" nicht mehr zu fürchten brauchst, da Du nun Deine Ansichten auf Deinen tiefsten Gefühlen gründest und daher standfeste Gebäude in Deinem Leben erschaffen kannst.

Über diese drei Pfade hast Du schließlich Netzach erreicht – das Königreich, in der die Venus die Königin ist. Hier ist Dein Sonnengeflecht mit all seinen Gefühlen, Impulsen, Wünschen und Drängen erwacht und hat Dich mit seinem elektrischen Prickeln erfüllt. In dieser Sephirah bist Du zum Philosophus unter dem Schutz des Erzengels Haniel geworden – hier hast Du gelernt, Deinen Gefühlen treu zu sein und gleichzeitig auch, Dich nicht von Deinen Gefühlen überschwemmen zu lassen. Die vier 7er-Karten des Tarot haben Dir geholfen, Deine Kräfte direkt und ohne Umwege auf die Erfüllung Deiner Wünsche auszurichten.

Am Graben hast Du den Portal-Grad erworben: Du warst bereit, über Deine Psyche hinauszuschauen und Deine Seele zu sehen. Deshalb bist Du hier weiter den Lebensbaum hinauf gegangen.

Auf dem 26. Pfad bist Du von Hod aus nach Tiphareth gelangt, indem Du die innere Gedankenstille erlernt hast. Auf diesem Pfad hat Dir auch geholfen, daß Du das Wesen des Denkens erkannt hast – es ist nur ein Werkzeug, um die Erlebnisse zu ordnen und zu verallgemeinern, um dann sinnvoller handeln zu können. Hier hat Dir die Tarotkarte „Der Teufel" geholfen, da er Dir gezeigt hat, was geschieht, wenn Du Deine Gedanken und inneren Bilder auf etwas fixierst und keinen klaren Blick mehr hast. Auf diesem Pfad hat Dir auch das Deuten Deines eigenen Horoskops geholfen, Dich selber besser erkennen zu können.

Danach bist Du auf dem 25. Pfad von Yesod nach Tiphareth gegangen: Du hast die Traumreise zur eigenen Mitte unternommen und bist dadurch Deinem Krafttier, Deiner Kraftpflanze, Deinem Kraftstein, Deinem Kraftpilz und schließlich Deiner Seele begegnet. Dadurch hast Du, wie es die Tarotkarte „Das rechte Maß" lehrt, erkannt, was Dein eigener Stil ist, was Deine Ziele sind und wie Du Dich ihnen entsprechend verhalten kannst.

Mit dem „Graben" war auch Deine Wanderung auf dem 24. Pfad von Netzach nach Tiphareth verbunden, auf der Du gelernt hast, daß Deine Gefühle Dir zeigen, wie Deine Seele ein Ereignis bewertet. Deine Gefühle helfen Dir, die sinnvolle Richtung zu erkenne, wenn Du Deine Seele als Die Sonne und Deine Gefühle als die Sonnenstrahlen begriffen hast. Dann sind Dir alle Gefühle willkommen – die angenehmen und die unangenehmen, weil alle diese Gefühle Dir zeigen, wer Du bist, wie Du zu etwas im Außen stehst und wohin Du Dich am sinnvollsten bewegen solltest. Du fürchtest nicht mehr Deine Gefühle, sondern das, was sie Dir an Gefahren zeigen. Auf diesem Pfad hast Du auch gelernt, die Vielfalt Deiner Wünsche und Ziele auf eine sinnvolle Weise zu koordinieren. Bei alledem hat Dir die Tarotkarte „Der Tod" geholfen, Dich immer wieder neu auf das einzulassen, was da ist und Deinen Selbstausdruck immer wieder so zu verwandeln, daß Du so hell wie möglich leuchten konntest.

Schließlich hast Du dann in Tiphareth, das das Königreich der Sonne ist, Deine Seele in Deinem Herzchakra gefunden – da hat die Suche nach dem Sinn des Lebens geendet, weil Du den Sinn Deines Lebens in der Gestalt Deiner Seele vor Dir gesehen hast. Da hat sich das Zentrum Deiner Identität von Deiner Psyche zu Deiner Seele verschoben – Du bist Deine Seele, die sich in Dir inkarniert hat. Dadurch bist Du zu einem Adeptus Minor geworden, der mit der Freude des Erzengels Raphael gesegnet wird. Hier haben Dir die vier 6er-Karten des Tarots das Glück, das aus der Mitte heraus entsteht, gezeigt; und hier haben Dir die vier Ritter-Karten des Tarots den Zugang zu der großen Kraft deutlich gemacht, die der Selbsttreue entspringt.

Auf dem 23. Pfad bist Du von Hod nach Geburah gewandert. Hier hat sich Dein Verstand Deinen Zielen untergeordnet. Dein Verstand hat hier auch eingesehen, wie wenig er weiß – und daß er trotzdem sehr nützlich und unverzichtbar ist. Der Verstand hat hier jede Arroganz, jede Fixierung und alle falschen Vorstellungen aufgegeben. Dadurch bist Du wie „Der Hängende" im Tarot in der Lage gewesen, die Welt und Dich selber durch neue Erkenntnisse in neuem Licht zu sehen – so bist Du näher zu Dir selber gekommen.

Über den 22. Pfad bist Du von Tiphareth nach Geburah gelangt und hast damit begonnen, Deine früheren Inkarnationen zu erforschen und Du hast Dich gefragt, warum sich Deine Seele gerade so, wie Du bist, inkarniert hat. Dein Blick hat sich über Dein derzeitiges Leben und über Deine Psyche hinaus auf die Geschichte und die Ziele Deiner Seele ausgerichtet. Hier hat Dir die Tarotkarte „Die Gerechtigkeit" geholfen, die größeren Zusammenhänge und Dynamiken zumindestens zu ahnen.

Schließlich bist Du nach Geburah in das Reich des Mars gelangt – in den Bereich der einsgerichteten Verwandlungen. Hier ist Dein Halschakra erwacht und Du kannst Dich seitdem deutlicher in der Welt zeigen als vorher – so wie Du wirklich bist und mit dem, was Du wirklich willst. In Geburah bist Du zu einem Adeptus Major geworden, den der Erzengel Samael die Effektivität im Handeln lehrt. Die vier 5er-Karten des Tarots haben Dir hier die verschiedene Aspekte des Handelns und der Verwandlungen, die dadurch bewirkt werden, gezeigt.

Mittlerweile warst Du schon recht weit oben auf dem Lebensbaum angekommen. Du bist als nächstes den 21. Pfad von Netzach nach Chesed hinaufgestiegen, auf dem Du die tieferen Wurzeln Deiner Gefühle und Ziele erkannt hast, wodurch Du Dich noch einmal deutlich klarer und entschiedener auf Deine Ziele ausrichten konntest. Dabei hat Dich die Tarotkarte „Das Schicksalsrad" sowohl gelehrt, wie wandelbar Situationen und Gefühle sind als auch die Folge Deiner Inkarnationen und ihre Dynamik und innere Logik zumindestens zu ahnen.

Auf dem 20. Pfad bist Du von Tiphareth aus nach Chesed gegangen. Hier hast Du wie „Der Einsiedler" im Tarot nach tieferer Erkenntnis und Weisheit gestrebt und Du hast Dich gefragt, wodurch Du so geworden bist, wie Du bist, und was wohl die Biographie Deiner Seele sein mag.

Auf dem 19. Pfad bist Du von Geburah nach Chesed gewandert, wobei Dich der Drache von Geburah, der Dein Schwert in seine Feuerflammen gehüllt hat, begleitet hat. Auf diesem Pfad hast Du danach geforscht, wie die großen Kräfte, die in Geburah ständig alles verwandeln, entstanden sind: Was sind die Wurzeln dieser Kräfte? Auf dieser Suche hat Dich die Tarotkarte „Die Stärke" begleitet und mit Rat und Tat unterstützt.

Schließlich hast Du Chesed erreicht – die oberste Sphäre der Seele. Hier hast Du im Reich des Jupiter Dein Drittes Auge geöffnet, wodurch alle Dinge für Dich durchsichtig geworden sind und Du die Folge Deiner Inkarnationen sehen konntest – und den Großen Plan Deiner Seele. Hier hast Du auch die Möglichkeit gefunden, die Zukunft zu sehen – auch Deine eigene einschließlich Deines Todestages und der Art Deines Todes. Das ist kein einfacher Schritt für einen angehenden Adeptus Exemptus, aber diesem Adepten hilft der Erzengel Tzadkiel, wenn der Adeptus ihn um Hilfe bittet. Die vier 4er-Karten des Tarot stellen die grundlegenden Strukturen und Haltungen dar, die auch Chesed prägen."

Feuer-Priester:
„Nun folgt der Abgrund, den Du als Adeptus Exemptus als nächstes überschreiten willst. Hier werden sich alle Abgrenzungen auflösen – hier mußt Du in den bodenlosen Abgrund springen ... das ist der einzige Weg, auf dem Du noch weiter den Lebensbaum hinaufsteigen kannst. Nur so wirst Du den Ursprung Deiner Seele in Deiner Schutzgottheit finden, die das Meer ist, von der Deine Seele ein einzelner Tropfen ist.

Wenn Du in den Abgrund gesprungen bist, wirst Du feststellen, daß Du schwebst. Wenn sich der Waldweg unter Deinen Füßen in die Dunkelheit zwischen den Sternen auflöst, wirst Du erleben, daß Du zu einem Teil des Weltraums geworden bist – ein Freund der Sterne. Dann hat sich Dein Scheitelchakra geöffnet und Du nimmst die abgrenzungslose Ebene der Welt wahr, die Du vorher vielleicht nur geahnt hast. Dann hast Du Da'ath erreicht, das Königreich des Saturns. Hier wirst Du dann zu einem Infans Abyssi, das unter dem Schutz der Irin-Engel steht.

Auf dem 18. Pfad gelangst Du dann von Geburah nach Binah. Hier finden alle Verwandlungen ihre Heimat – hier kannst Du erkennen, daß jede Verwandlung nur eine weitere Möglichkeit ist, Du selber zu sein. Was auch immer geschieht, in welche Situation Du auch immer geraten magst – alles ist nur eine weitere Möglichkeit auszudrücken, wer Du bist. Daher findest Du auf diesem Pfad die Tarotkarte „Der Siegeswagen".

Als nächstes folgt dann der 17. Pfad, der von Tiphareth nach Binah führt. Auf diesem Pfad kehrt Deine Seele in ihre Heimat in der Gemeinschaft der Seelen zurück. Dies ist der Pfad der Liebe, weshalb Du hier auch der Tarotkarte „Die Liebenden" begegnest.

Diese beiden Pfade – der 18. und der 17. – führen nach Binah zu der Göttin Shekinah. Dieser Bereich wird von dem Planeten Uranus geprägt. Als Magister Templi kannst Du hier mit der Hilfe des Erzengels Tzaphkiel selber für andere eine Heimat erschaffen. Die vier 3er-Karten im Tarot zeigen Dir diese schöpferische Heimat und diese Geborgenheit. Zudem wird das Urvertrauen, das Du hier wiederfinden kannst, durch die vier Königinnen im Tarot verkörpert.

Der 16. Pfad führt von Chesed nach Chokmah. Du hast in Chesed schon Chokmah gesehen – den Lichtstrahl in der Mitte der Großen Weißen Hauses. Das Rufen dieses Lichtstrahls ist die Aufgabe des „Hohepriesters", der im Tarot dargestellt worden ist.

Der 15. Pfad führt von Tiphareth nach Chokmah. Hier kannst Du die Essenz Deiner Seele finden. Durch dieses Erlebnis wirst Du, wie es die Tarotkarte „Der Herrscher" veranschaulicht, zum König in Deinem eigenen Leben.

Der 14. Pfad führt von Binah nach Chokmah. Hier kannst Du erleben, wie die Gemeinschaft von Binah aus der absoluten Selbsttreue von Chokmah heraus entsteht. Dabei kann Dir die Tarotkarte „Die Herrscherin" helfen, die aus den Samen von Chokmah die Fruchtbarkeit von Binah werden läßt.

Auf diesen drei Pfaden – dem 16., dem 15. und dem 14. – erreichst Du schließlich Chokmah, das Reich des Neptun. Hier wirst Du den Lichtsturm erleben: die Fülle an wilden Lichtstrahlen, die einen Ursprung, aber keinerlei Begrenzung haben – ein wildes, ekstatisches Toben der Begeisterung über die eigene Qualität, ein vollkommen ungehemmter Selbstausdruck. Hier wirst Du zu einem Magus und hier wirst Du die Einsgerichtetheit des Erzengels Ratziel erlangen. Dies wird Dir durch die vier 2er-Karten des Tarots und durch die vier Könige des Tarots veranschaulicht.

Als nächstes wirst Du, wenn Du so weit auf dem Lebensbaum aufsteigen willst, den obersten der vier Übergänge erreichen. In dem Bereich von Da'ath, Binah und Chokmah liegt Deine Identität in Deiner Schutzgottheit, deren innerste Essenz Du in Chokmah erleben kannst, deren Bezüge zu anderen Gottheiten Du in Binah finden kannst, und deren Mythologie Du in Da'ath betrachten und leben kannst. Hier an diesem Übergang, hier an der Ersten Ursache, wird sich Dein Identitäts-Zentrum von Deiner Schutzgottheit zu dem Einen-Alles-Einzigen verschieben – alle Gottheiten sind nur Gefühle, Formen und Bilder in der Psyche des Einen-Alles-Einzigen.

Auf dem 13. Pfad, auf dem Du von Tiphareth nach Kether gelangst, wird Dich die „Die Hohepriesterin", die auf der Tarotkarte abgebildet ist, in die Stille führen, in der es keinerlei Unterscheidung mehr gibt.

Auf dem 12. Pfad, auf dem Du von Binah nach Kether gelangst, wird Dich „Der Magier", der auf der Tarotkarte abgebildet ist, in das ekstatische Handeln führen, das schließlich in das allumfassende Hier und Jetzt mündet.

Auf dem 11. Pfad, auf dem Du von Chokmah nach Kether gelangst, wird Dich „Der Narr" durch den vollkommen freien Lebenstanz in die allem zugrundeliegende Einheit führen.

Dann erreichst Du Kether, das Reich des Pluto, und wirst zu einem Ipsissimus und kannst das Lächeln des Metatron genießen – das hier zu Deinem eigenen Lächeln wird, wenn Du hier selber zu dem Einen-Alles-Einzigen wirst. Diesen Ursprung aller Dinge beschreiben die 4 Asse im Tarot."

Schlangen-Priester:
„Willst Du auf diesem Weg, den Du nun vor Dir ausgebreitet siehst, weitergehen?"

Einzuweihender: *„Ja, das will ich."*

b)   die Polaritäten und die Bereiche

Der Ipsissimus, der Magus und Shekinah sprechen aus dem Tempel heraus, aber sind für den Einzuweihenden noch nicht zu sehen.

Alle drei führen die Übung der Mittleren Säule durch (ohne das kabbalistische Kreuz) und intonieren:

„Eheieh.
Yod-He-Vau-He Elohim.
Yod-He-Vau-He Eloah va-Da'ath.
Shaddai el-Chai.
Adonai ha-Aretz."

Ipsissimus:
„So spricht Kether, so spricht die '1', so spricht Pluto:

Dein Leib ist eins.
Malkuth ist eins und eindeutig.
Kether ist Malkuth und Malkuth ist Kether, nur auf eine andere Weise."

Magus:
„So spricht Chokmah, so spricht die '2', so spricht Neptun:

Deine Psyche ist zweipolar.
Yesod ist voller Ergänzungs-Gegensätze.
Yesod ist der Fluß und der Wandel vom einen zum anderen."

Shekinah:
„So spricht Binah, so spricht die '3', so spricht Uranus:

Die Seele ist dreipolar.
Die Seele hat zwei Geschwister, zwei Begleiter.
Tiphareth ist die kreative Mitte."

Magus:
„So spricht Chokmah, so spricht die '2', so spricht Neptun:

Die Götter sind zweipolar.
Da'ath ist voller Ergänzungs-Gegensätze.
Yesod ist die kleine Magie, Da'ath ist die große Magie."

Ipsissimus:
„So spricht Kether, so spricht die '1', so spricht Pluto:

Gott ist eins.
Kether ist das Eine-Alles-Einzige.
Die Möglichkeiten von Kether werden in Malkuth zur Wirklichkeit."

Alle drei führen die Übung der Mittleren Säule durch (wieder ohne das kabbalistische Kreuz) und intonieren:

„Eheieh.
Yod-He-Vau-He Elohim.
Yod-He-Vau-He Eloah va-Da'ath.
Shaddai el-Chai.
Adonai ha-Aretz."

4. Die sieben Pfade

Die Pfade sind auf dem Boden des Vorraumes des Tempels markiert. Sie können der Einfachheit halber statt wie auf dem Lebensbaum lediglich sieben parallele Streifen sein, die nebeneinander von dem Eingang zu dem Vorraum zu dem Eingang des Tempels führen.

Auf den Pfaden befinden sich (evtl. auf einem kleinen Tisch o.ä.) die dazugehörigen Tarotkarten.

Die Pfade von links nach rechts sind:

- Geburah-Binah   „Der Siegeswagen)
- Geburah-Da'ath   (keine Tarotkarte)
- Tiphareth-Binah   „Die Liebenden"
- Tiphareth-Kether   „Die Hohepriesterin"
- Tiphareth-Chokmah   „Der Herrscher"
- Chesed-Da'ath   (keine Tarotkarte)
- Chesed-Chokmah   „Der Hohepriester"

Zu Beginn steht der Einzuweihende jeweils auf dem Anfang des Pfades – dann steht der Schlangen-Priester rechts von dem Einzuweihenden und der Feuer-Priester links von dem Einzuweihenden. Beide sprechen gleichzeitig verschiedene Worte nahe bei den Ohren des Einzuweihenden. Die vier Verse, die die beiden sprechen, werden mehrfach von beiden wiederholt, bis der Schlangen-Priester damit beginnt, den Einzuweihenden auf dem Weg weiter zu führen, indem er ihn an seinem Ellebogen ergreift und ihn mitnimmt.

Dann leiten die beiden Priester den Einzuweihenden – während sie noch immer verschiedene Verse sprechen – zur Mitte des Pfades. Dort sprechen dann beide gemeinsam dasselbe. Auch hier werden die Verse mehrfach gesprochen bis der Schlangenpriester den Einzuweihenden weiterführt.

Dann leiten die beiden Priester den Einzuweihenden – während sie noch immer gleiche Verse sprechen – zum Ende des Pfades. Dort singen (intonieren) sie mehrmals nacheinander gemeinsam ein „a", in das der Einzuweihende (wie ihm vorher gesagt worden ist) einstimmen kann, wenn er will. Dieses „a" kann jeder auf der Tonhöhe singen, die ihm gerade passend erscheint. Es sollte allerdings ein Ton auf gleichbleibender Höhe und keine Melodie sein.

Der Ipsissimus, der Magus und Shekinah erfüllen dieses gesungene „a" mit dem Licht des Lichtbringers, den sie ganz am Anfang angerufen haben.

a) Der Pfad von Tiphareth nach Binah

Dies ist dritte Pfad von links. Dies ist der Pfad der Liebenden.

Feuer-Priester:	Schlangen-Priester:
„Liebe ist Leuchten des Herzens.	*„Liebe hält alles zusammen.*
Liebe ist das Fließen des Lebens.	*Liebe erschafft Neues.*
Die Liebenden erschaffen das Leben.	*Liebe läßt die Sonnen leuchten.*
Liebe ist Tanz im Hier und Jetzt. "	*Liebe ist der Gesang des Herzchakras. "*

beide:
„Liebe ist das Licht des Herzens.
Sie ist Erfüllung, sie ist Glück.
Liebe ist – sie braucht nichts.
Liebe ist der Selbstausdruck der Seele. "

alle drei intonieren (innerlich unterstützt von Ipsissimus, Magus und Shekinah):
„aaaaaa ... "

b) Der Pfad von Tiphareth nach Chokmah

Dies ist der dritte Pfad von rechts. Dies ist der Pfad des Herrschers.

Feuer-Priester:	Schlangen-Priester:
„Der Herrscher lenkt das Feuer.	*„Stärke wird im Tanz geboren.*
Der Herrscher lenkt das Wasser.	*Der Tanz führt zur Mitte.*
Der Herrscher lenkt die Winde.	*In der Mitte bist Du selber.*
Der Herrscher lenkt die Erde.	*Tanze aus Deiner Mitte heraus. "*

beide:
„Selbsttreue ist wahre Herrschaft.
Strahle vom Herzchakra nach außen.
Erfülle Dich mit Dir selber.
Stärke kommt aus dem Herzen. "

alle drei intonieren (innerlich unterstützt von Ipsissimus, Magus und Shekinah):
„aaaaaa ... "

c)   Der Pfad von Tiphareth nach Kether

Dies ist der mittlere Pfad. Dies ist der Pfad der „Hohepriesterin".

Feuer-Priester: *„In der Stille zeigt sich das Unbekannte.* *Schaue hinter den Schleier.* *Lasse Deinen Halt los.* *Wage es, in das Neue zu gehen."*	Schlangen-Priester: *„Höre die Worte des Schweigens.* *Sehe die unbekannten Farben.* *Finde Deine Heimat.* *Sei mutig und geduldig."*
beide: *„Die Hohepriesterin wartet auf Dich.* *Sie wird Dir das Tor öffnen.* *Du wirst Dich selber in der Stille sehen.* *Laß los um zu erhalten."*	
alle drei intonieren (innerlich unterstützt von Ipsissimus, Magus und Shekinah): *„aaaaaa ..."*	

d)   Der Pfad von Geburah nach Binah

Dies ist der linke Pfad. Dies ist der Pfad des „Siegeswagens".

Feuer-Priester: *„Sei Deinem Herzen treu,* *schaue mit klarem Blick auf die Welt –* *dann wirst Du siegen.* *Gehe den geraden Weg.*	Schlangen-Priester: *„Sei ausdauernd wie eine Eiche,* *sei stark wie ein Löwe,* *sei geschickt wie ein Zauberkünstler,* *sei liebevoll wie eine Mutter."*
beide: *„Deine Schutzgottheit inspiriert Dich,* *Deine Seele leitet Dich,* *Dein Krafttier stärkt Dich,* *Dein Leib verwirklicht Dich."*	
alle drei intonieren (innerlich unterstützt von Ipsissimus, Magus und Shekinah): *„aaaaaa ..."*	

e)   Der Pfad von Chesed nach Chokmah

Dies ist der rechte Pfad. Dies ist der Pfad des „Hohepriesters".

Feuer-Priester:	Schlangen-Priester:
„Hier findest Du Weisheit.	*„ Der Hohepriester ist der Lichtbote.*
Hier findest Du Führung.	*Er ist Deine innere Stimme.*
Hier findest Du Hilfe.	*Er ist Deine Schutzgottheit.*
Hier findest Du Erkenntnis. "	*Er ist Deine Inspiration. "*

beide:
  „Komm zu mir, wenn Du Dich suchst.
  Komm zu mir, wenn Du lebendig sein willst.
  Komm zu mir, wenn Du den Ursprung suchst.
  Komm zu mir, wenn Du Dein Leben tanzen willst.

alle drei intonieren (innerlich unterstützt von Ipsissimus, Magus und Shekinah):
  „aaaaaa ... "

f)   Der Pfad von Geburah nach Da'ath

Dies ist zweite der Pfad von links.

Feuer-Priester:	Schlangen-Priester:
„Gehe vom Feuer zur Glut der Sonne.	*„Zeige Deinen Mut und springe.*
Gehe vom Fluß zum Meer.	*Zeige Deine Liebe und schwimme.*
Gehe vom Stein zum Berg.	*Zeige Deine Weisheit und fliege.*
Gehe vom Atemhauch zum Sturm. "	*Zeige Dein Gedeihen und wachse.*

beide:
  „Willkommen auf dem Gipfel des Berges!
  Willkommen am Ufer des Meeres!
  Willkommen am Rand des Abgrunds"
  Willkommen in der Finsternis des Universums! "

alle drei intonieren (innerlich unterstützt von Ipsissimus, Magus und Shekinah):
  „aaaaaa ... "

g) Der Pfad von Chesed nach Da'ath

Dies ist der zweite Pfad von rechts.

Feuer-Priester:	Schlangen-Priester:
„Gehe vom Sehen zum Sein.	*„Laß das Feuer lodern!*
Gehe von der Grenze zur Qualität.	*Laß das Wasser fließen!*
Gehe von der Seele zur Gottheit.	*Laß die Luft wehen!*
Gehe von Chesed nach Da'ath. "	*Laß die Erde blühen!"*

beide:
> *„Gehe zu dem Lichtstrahl in der Mitte von Chesed.*
> *Stelle Dich in diesen Lichtstrahl.*
> *Vertraue diesem Lichtstrahl.*
> *So wirst Du von Chesed nach Da'ath gelangen. "*

alle drei intonieren (innerlich unterstützt von Ipsissimus, Magus und Shekinah):
> *„aaaaaa ... "*

5. Der Sprung in den Abgrund

Der Ipsissimus, der Magus und Shekinah sprechen aus dem Tempel heraus:

„Springe in den Abgrund –
und das Tor zum Tempel wird sich öffnen.
Fühle Dich nicht mehr durch Deine Grenzen, sondern durch Deine Qualität –
und das Tor zum Tempel wird sich öffnen.
Klammere Dich nicht an Deine Seele, sondern öffne Dich der Gottheit –
und das Tor zum Tempel wird sich öffnen.
Verlasse das sichere Schiff und tauche in das Meer –
und das Tor zum Tempel wird sich öffnen.
Vertraue Dich ganz dem Leben an –
und das Tor zum Tempel wird sich öffnen.
Laß zu, daß sich Dein Scheitelchakra öffnet –
und das Tor zum Tempel wird sich öffnen.
Verlasse den Wald und gehe in die Nacht zwischen den Sternen –
und das Tor zum Tempel wird sich öffnen.
Steige auf den Gipfel des Berges und rufe das Licht –
und das Tor zum Tempel wird sich öffnen.
Werde vom Leib zur Psyche zur Seele zum Gott –
und das Tor zum Tempel wird sich öffnen.
Laß die Lebenskraft in Dir immer heißer lodern –
und das Tor zum Tempel wird sich öffnen.
Gehe von dem kleinen Yesod-Wirbel zu dem großen Da'ath-Wirbel –
und das Tor zum Tempel wird sich öffnen.
Laß Dich selber los, damit Du Dich selber findest –
und das Tor zum Tempel wird sich öffnen.

... ...

Öffne nun das Tor zum Tempel –
und Du wirst nach Da'ath gelangen. "

Der Einzuweihende geht zu dem Tor zum Tempel, öffnet das Tor und betritt den Tempel.

Der Schlangen-Priester und der Feuer-Priester folgen ihm einen Schritt hinter ihm und betreten ebenfalls den Tempel und bleiben zunächst innen links und rechts neben dem Tor stehen – der Schlangen-Priester rechts, der Feuer-Priester links.

- Da'ath -

Der Ipsissimus steht im Osten des Tempels – in der Kether-Position. Hinter ihm steht die Mittlere Säule des Lichts.

Der Magus steht im Südosten – in der Chokmah-Position. Hinter ihm steht die linke Säule, d.h. die Säule des Feuers (ein Stück weiter vorne, d.h. nach Westen als die Licht-Säule)

Shekinah steht im Nordosten – in der Binah-Position. Hinter ihr steht die rechte Säule, d.h. die Säule des Wassers (auf derselben Höhe wie die Säule des Feuers).

Der Schlangen-Priester und der Feuer-Priester stehen weiterhin ganz im Westen des Tempels neben dem Tempeltor.

Der Einzuweihende steht in der Mitte des Tempels.

6. Die Anrufung der eigenen Schutzgottheit

Ipsissimus:

„Frater Adeptus Exemptus – rufe Deine Schutzgottheit an. Invoziere sie. Vereine Dich mit ihr. Werde zu Deiner Schutzgottheit.“

Der Einzuweihende tut dies – er spricht die improvisierte Anrufung nicht nur innerlich, sondern auch äußerlich.

Die vier Magier und Shekinah unterstützen ihn dabei dadurch, daß sie den Einzuweihenden in der Gestalt seiner Schutzgottheit imaginieren.

7. Die Gemeinschaft der Gottheiten

Die Magier und Shekinah stehen wie zuvor.

Ipsissimus: *„Alles ist eins."*
Magus: *„Alles hat eine Qualität und eine Richtung."*
Shekinah: *„Alles ist mit allem verbunden."*
Feuer-Priester: *„Alles bildet insgesamt den Tanz der Mythen."*
Schlangen-Priester: *„Infans Abyssi – Du bist nun ein Teil dieses Tanzes."*

    Die vier Magier und Shekinah verlassen ihre Plätze und stellen sich in der Form eines Pentagramms/Pentagons rings um den Einzuweihenden. Vom Eingang (Westen) aus gesehen steht der Schlangen-Priester unten rechts (Südwesten), der Feuer-Priester unten links (Nordwesten), der Ipsissimus oben (Osten), der Magus oben rechts (Südosten) und Shekinah oben links (Nordosten).

Ipsissimus:
„Infans, Abyssi – spüre die Gottheit in Dir."

Ipsissimus:
„Ich rufe meine Gottheit – sie erwacht in mir. ...
Infans Abyssi – spüre meine Gottheit in diesem Tempel. ...
Infans Abyssi – spüre die Verbindung zwischen Deiner und meiner Gottheit."

Magus:
„Ich rufe meine Gottheit – sie erwacht in mir. ...
Infans Abyssi – spüre meine Gottheit in diesem Tempel. ...
Infans Abyssi – spüre die Verbindung zwischen Deiner und meiner Gottheit."

Shekinah:
„Ich rufe meine Gottheit – sie erwacht in mir. ...
Infans Abyssi – spüre meine Gottheit in diesem Tempel. ...
Infans Abyssi – spüre die Verbindung zwischen Deiner und meiner Gottheit."

Feuer-Priester:
„Ich rufe meine Gottheit – sie erwacht in mir. ...
Infans Abyssi – spüre meine Gottheit in diesem Tempel. ...
Infans Abyssi – spüre die Verbindung zwischen Deiner und meiner Gottheit."

Schlangen-Priester:
„Ich rufe meine Gottheit – sie erwacht in mir. ...
Infans Abyssi – spüre meine Gottheit in diesem Tempel. ...
Infans Abyssi – spüre die Verbindung zwischen Deiner und meiner Gottheit."

Kurze Pause.

Ipsissimus:
„Infans Abyssi – spüre die Verbindungen zwischen den sechs Gottheiten in diesem Tempel. ...
Infans Abyssi – spüre den gemeinsamen Tanz dieser Gottheiten ... spüre ihr Gespräch, ihren Tanz, ihre Verwandtschaft miteinander."

Kurze Pause.

Ipsissimus:
„Infans Abyssi – spüre die endlose Vielfalt der Gottheiten in der Welt ...
Infans Abyssi – spüre das Kontinuum der Gottheiten ...
Infans Abyssi – spüre Da'ath."

8. Die Einheit mit den Göttern

Die Magier stehen wieder rings um den Einzuweihenden: der Schlangen-Priester im Westen, Shekinah im Norden, der Feuer-Priester im Osten und der Magus im Süden. Der Ipsissimus steht wieder ganz im Osten und hat seine Hände in der Geste der Man-Rune erhoben.

Die Magier imaginieren im Folgenden wieder den im Uhrzeigersinn kreisenden Lebenskraftstrudel, der in seiner Mitte – also dort, wo der Einzuweihende steht – den von oben kommenden Lichtstrahl entstehen läßt.

Die Magier und die Magierin imaginieren gemeinsam das, was sie sagen.

Schlangen-Priester:	*„Meine Haare sind die Haare der Sif.“*[148]
Shekinah:	*„Meine Augen sind die Augen des Horus.“*[149]
Feuer-Priester:	*„Meine Ohren sind die Ohren des Heimdall.“*[150]
Magus:	*„Meine Nase ist die Nase des Raphael.“*[151]
Schlangen-Priester:	*„Mein Mund ist der Mund des Shango.“*[152]
Shekinah:	*„Meine Lippen sind die Lippen des Anubis.“*[153]
Feuer-Priester:	*„Mein Kinn ist das Kinn des Freyr.“*[154]
Magus:	*„Mein Kopf ist der Kopf des Helios.“*[155]
Schlangen-Priester:	*„Mein Hals ist der Hals des Rongo.“*[156]
Shekinah:	*„Meine Arme sind die Arme des Hephaistos.“*[157]
Feuer-Priester:	*„Meine Hände sind die Hände des Vulcanos.“*[158]
Magus:	*„Meine Schultern sind die Schultern des Atlas.“*[159]
Schlangen-Priester:	*„Meine Brust ist die Brust des Apollon.“*[160]

---

148 Sif = die germanische Göttin des reifen Getreides, das als das goldene Haar der Erde aufgefaßt worden ist

149 Horus = Falkengott; seine Augen waren die Himmelsaugen, d.h. Sonne und Mond

150 Heimdall = germanischer Wächtergott, der „das Gras wachsen hört"

151 Raphael = Erzengel der Luft (Atmung durch die Nase)

152 Shango = Donnergott der Yoruba in Westafrika

153 Anubis = ägyptischer Schakalgott mit auffälligen schwarzen Lippen

154 Freyr = germanischer Fruchtbarkeitsgott mit Spitzbart am Kinn

155 Helios = griechischer Sonnengott; die Sonne wurde von den Indogermanen als das Gesicht des Sonnengott-Göttervaters angesehen

156 Rongo = polynesischer Gott der Fruchtbarkeit, des Regens und der Musik

157 Hephaistos = griechischer Schmiedegott

158 Vulcanos = römischer Schmiedegott

159 Atlas = griechischer Träger des Himmelsgewölbes

160 Apollon = griechischer Bogen-Gott

	(oder: *„Meine Brüste sind die Brüste der Artemis.“*[161]
Shekinah:	*„Mein Bauch ist der Bauch der Weißen Büffelfrau.“*[162]
Feuer-Priester:	*„Mein Magen ist der Magen des Sobek.“*[163]
Magus:	*„Meine Leber ist die Leber des Dionysos.“*[164]
Schlangen-Priester:	*„Mein Rücken ist der Rücken des Großen Bären.“*[165]
Shekinah:	*„Mein Hintern ist der Hintern des Geb.“*[166]
Feuer-Priester:	*„Mein Penis ist der Penis des Pan.“*[167]
	(oder: *„Meine Vagina ist die Vagina der Inanna.“*[168]
Magus:	*„Meine Beine sind die Beine der Nut.“*[169]
Schlangen-Priester:	*„Meine Füße sind die Füße des Tyr.“*[170]
Shekinah:	*„Mein Wurzelchakra ist das Wurzelchakra des Dagda.“*[171]
Feuer-Priester:	*„Mein Hara ist das Hara der Pacha Mama.“*[172]
Magus:	*„Mein Sonnengeflecht ist das Sonnengeflecht der Amaterasu.“*[173]
Schlangen-Priester:	*„Mein Herzchakra ist das Herzchakra des Osiris.“*[174]
Shekinah:	*„Mein Halschakra ist das Halschakra des Bragi.“*[175]
Feuer-Priester:	*„Mein Drittes Auge ist das Dritte Auge des Shiva.“*[176]
Magus:	*„Mein Scheitelchakra ist das Scheitelchakra des Buddha.“*[177]
Schlangen-Priester:	*„Mein Tummo ist das Tummo der Pele.“*[178] [179]

---

161 Artemis = griechische Jagdgöttin (die Zwillingsschwester des Apollon)

162 Weiße Büffelfrau = Muttergöttin der Dakota

163 Sobek = ägyptischer Krokodilgott (galt als sehr gierig)

164 Dyonisos = Gott der Ekstase und des Weins (deshalb der Bezug zur Leber …)

165 Großer Bär = Gott der Selbständigkeit der Dakota

166 Geb = ägyptischer Erdgott

167 Pan = griechischer Ziegengott; Gott der Zeugung und der Wiederzeugung

168 Inanna = sumerische Muttergöttin (sie lobt in einer Hymne die Schönheit ihrer Vagina)

169 Nut = ägyptische Himmelsgöttin, die auf Arme und Beine gestützt über der Erde steht

170 Tyr = germanischer Sonnengott-Göttervater; die Sonne als Himmelswanderer

171 Dagda = keltischer Göttervater; bekannt für seinen riesigen Penis und für seine große Zeugungskraft

172 Pacha Mama = Erdmutter der Quetchua-Indianer („Inkas“)

173 Amaterasu = Sonnengöttin in der japanischen Shinto-Religion

174 Osiris = ägyptischer Korn- und Totengott; Urbild der im Jenseits wiedergeborenen Seele (das Herzchakra ist der „Tempel der Seele“)

175 Bragi = germanischer Gott der Dichtkunst und der Musik

176 Shiva = indischer Gott, der u.a. mit dem Öffnen des Dritten Auges verbunden ist

177 Buddha = Erleuchteter, der sein Scheitelchakra vollständig erweckt hat

178 Tummo = Verbindung vom Wurzelchakra zum glühenden Erdkern und die Lebenskraft, die in dieser Verbindung herauffließt (Kundalini)

179 Pele = Vulkangöttin und Feuergöttin auf Hawaii

Shekinah:	*„Mein Bindhu ist das Bindhu des Heiligen Geistes. "*[180]
Feuer-Priester:	*„Meine Seele ist das Kind meiner Schutzgottheit. "*
Magus:	*„Alles an mir ist ein Teil einer Gottheit. "*

Pause, in der der Einzuweihende, das, was gesagt und imaginiert worden ist – und was er dabei gespürt hat – auf sich wirken läßt.

---

180 Bindhu = Verbindung vom Scheitelchakra zur Sonne und die Lebenskraft, die in dieser Verbindung herabfließt

9. Die Urform der Lebenskraft

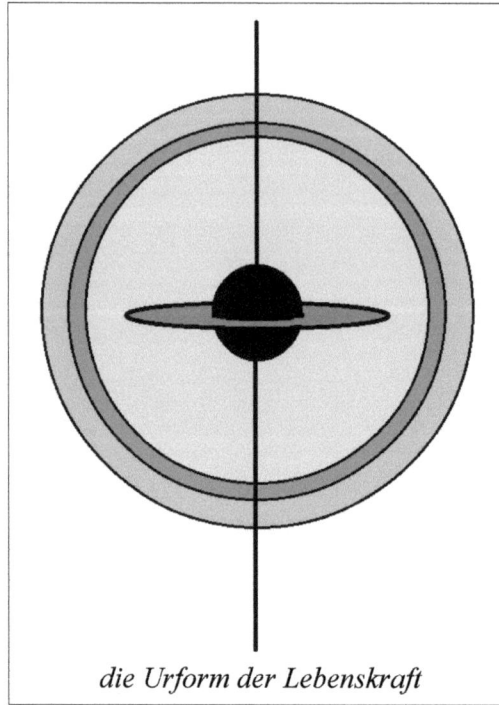

die Urform der Lebenskraft

Der Ipsissimus steht im Osten des Tempels – in der Kether-Position. Hinter ihm steht die Mittlere Säule des Lichts.

Der Magus steht im Südosten – in der Chokmah-Position. Hinter ihm steht die linke Säule, d.h. die Säule des Feuers (ein Stück weiter vorne, d.h. nach Westen als die Licht-Säule)

Shekinah steht im Nordosten – in der Binah-Position. Hinter ihr steht die rechte Säule, d.h. die Säule des Wassers (auf derselben Höhe wie die Säule des Feuers).

Der Schlangen-Priester und der Feuer-Priester stehen wieder ganz im Westen des Tempels links und rechts neben dem Tempeltor.

Der Einzuweihende steht in der Mitte des Tempels.

Shekinah entrollt das Lebenskraft-Diagramm (siehe links) im Osten vor dem Kreis in der Mitte des Tempels und hängt es dort an einen Ständer o.ä. Es sollte groß genug sein, daß der Einzuweihende und auch die anderen es gut erkennen können. Shekinah kehrt an ihren Platz vor der Säule des Wassers zurück.

Der Schlangen-Priester tritt neben das Diagramm und sprich zu dem Einzuweihenden gewandt:

„Du hast schon oft die Mittlere Säule geübt.
Du hast nun die Anrufung des Lichtbringers erlebt.
Beides ist dasselbe und beides ist ein Aspekt der Urform der Bewegungen der Lebenskraft. Diese Bewegung findet sich auch in der materiellen Welt wieder.
Schaue, welche Bewegungen dies sind –
das wird Dir helfen, diese Bewegungen zu verstehen und sie zu nutzen;
das wird Dir das Ausüben von Magie einfacher machen;
das wird Dir helfen, die Mittlere Säule effektiv durchzuführen.
Nimm Dir Zeit, sie immer wieder zu betrachten, um sie wirklich zu verstehen.“

Der Schlangen-Priester kehrt zurück an seinen Platz rechts neben der Tempeltür (von Westen her gesehen rechts).

Der Feuer-Priester tritt neben das Diagramm, wendet sich dem Einzuweihenden zu und spricht:

„Die Seele ist Deine Mitte. Sie hat sich in Dir inkarniert.

Um sie herum ist bei Deiner Zeugung ein Wirbel aus Lebenskraft entstanden, der aus der Vereinigung Deiner Eltern entstanden ist. In diesem Wirbel kreiste die Lebenskraft, aus der Dein Lebenskraftkörper entstanden ist. Diese wirbelnde Lebenskraftkugel kann man bei Frauen in den ersten Tagen nach Beginn der Schwangerschaft um ihren Bauch herum spüren.

Diese Lebenskraftkugel trägt schon ihr Horoskop in sich, das jedoch erst bei der Geburt sichtbar wird. Dieses Horoskop ist die Scheibe rings um diese Kugel – der Tierkreis ist der Rand dieser Scheibe.

Diese rotierende Lebenskraft läßt einen senkrechten Strahl aus Lebenskraft entstehen, der dann zu der Sushumna wird, dem senkrechten Lebenskraft-Kanal, an dem sich die sieben Chakren befinden. Dieser Strahl ist der Wille.

Nach und nach entstehen nun in dieser Lebenskraftkugel die drei Schichten der Gefühle, der Gedanken und der Wahrnehmungen.“

Der Feuer-Priester kehrt zurück an seinen Platz links neben der Tempeltür (von Westen her gesehen links).

Shekinah tritt neben das Diagramm, wendet sich dem Einzuweihenden zu und spricht:

„Die Sonne ist eine rotierende Kugel.

Rings um sie kreisen die Planeten alle auf derselben Ebene – sie bilden eine Scheibe rings um die Sonne.

In der Sonne sind elektrisch geladene Teilchen. Da sie sich mit der Rotation der Sonne bewegen, lassen sie ein Magnetfeld entstehen, das sich zu zwei Strahlen bündelt, die die Sonne oben und unten an ihrer Rotationsachse verlassen und weit in das Weltall hinausragen. Diese beiden Strahlen werden 'Jets' genannt.

Um die Sonne herum gibt es den inneren Bereich, der Sonnenwind genannt wird. Er ist vollständig von den von der Sonne ausgestrahlten Ionen geprägt.

Um die Sonne herum gibt es den mittleren Bereich, der Stoßfront genannt wird. Hierhin hat der Sonnenwind den ganzen Sternenstaub, der überall im Weltraum ist, geschoben. Insgesamt ist die Hülle aus Sonnen-Ionen und Sternenstaub so schwer wie die Erde – aber es ist fein verteilter Staub.

Um die Sonne herum gibt es den äußeren Bereich, der Bugwelle genannt wird. Da sich die Stoßfront in das Weltall hinein ausdehnt, entsteht vor ihr wie vor dem Bug eines Schiffes eine Welle in dem Sternenstaub.

Du findest diese Elemente überall im Weltall – bei jedem Stern.

Aber auch die Erde hat ein Magnetfeld und die beiden Jets: den Nordpol und den Südpol, die das Nordlicht entstehen lassen. Die Scheibe der Erde besteht nur aus dem Mond auf seiner kreisförmigen Umlaufbahn um die Erde.

Bei dem Saturn kannst Du gut die Scheibe sehen: die Ringe des Saturn. Auch Jupiter, Uranus und Neptun haben solche Ringe.

Am deutlichsten ist diese Form bei den Galaxien: Sie haben eine helle Kugel aus vielen Sternen im Zentrum und darum herum eine Scheibe von weiteren Sternen. Entlang der Rotationsachse der Galaxie treten aus der zentralen Kugel zwei Jets aus, die weit in den Weltraum hinausreichen und hell leuchten.

Die Jets der Sonne sind wie der Wille, der Sonnenwind wie die Gefühle, die Stoßfront wie die Gedanken und die Bugwelle wie die Wahrnehmungen. "

Shekinah kehrt an ihren Platz vor der Säule des Wasser zurück.

Der Magus tritt neben das Diagramm, wendet sich dem Einzuweihenden zu und spricht:

„Das Herzchakra ist auch eine solche zentrale Kugel – sie besteht aus Lebenskraft.

Sie ist von der Scheibe der Blütenblätter dieses Chakras umgeben – daher werden diese Chakren auch 'Lotusblüten' genannt.

Das Herzchakra beginnt zu pulsieren und zu rotieren, wenn Du in es hinein atmest, über es meditierst und es imaginierst. Wegen dieses Rotierens werden diese Organe des Lebenskraftkörpers auch 'Chakra' genannt, was 'Rad' bedeutet.

Von dem Herzchakra geht daher je ein Strahl nach oben und nach unten hin aus: die Sushumna.

Nach unten hin reicht sie bis in den glühenden Erdkern – von dort steigt das Tummo bis in die sieben Chakren auf: Das ist die Kundalini.

Nach oben hin reicht sie bis zur Sonne – von dort fließt das Bindhu, der Sonnensegen bis in die sieben Chakren herab: Das ist die Übung der Mittleren Säule.

Um das Herzchakra bilden sich drei Bereich:

Im Herzchakra ist die Seele, die Identität, das Wollen. Dies ist wie die Sonne.

Der innerste Bereich sind die Impulse, das Fühlen: unten das Sonnengeflecht und oben das Halschakra. Dies ist wie der Sonnenwind.

Der mittlere Bereich sind die Formen, das Denken: unten das Hara und oben das Dritte Auge. Dies ist wie die Stoßfront.

Der äußere Bereich sind die Kontakte, die Wahrnehmung: unten das Wur-zelchakra und oben das Scheitelchakra. Dies ist wie die Bugwelle."

Der Magus kehrt zurück an seinen Platz vor der Säule des Feuers zurück.

Der Ipsissimus tritt neben das Diagramm, wendet sich dem Einzuweihenden zu und spricht:

„In der Mitte ist der Mensch.
Ihn umgibt als Scheibe der Tierkreis.
In der Mitte des Tierkreises steht der Weltenbaum und in ihm der Mensch.
Und der Weltenbaum ist die Jets, die Sushumna, die Mittlere Säule – das Erwecken der Kundalini und das Herabrufen des Lichtbringers.
Die Kundalini ist die Schlange der Weisheit auf dem Lebensbaum – sie ist die Kraft des Schlangen-Priesters.
Der Lichtbringer ist der Blitzstrahl der Schöpfung auf dem Lebensbaum – er ist die Kraft des Feuer-Priesters.
Die Kundalini und der Lichtbringer lösen Deine Abgrenzung auf und verbinden Dich mit der Erde und mit der Sonne – mit der Welt.
Wecke Deine Kundalini, rufe den Lichtbringen – und Du wirst in Da'ath eine Hei-mat finden."

Der Ipsissimus kehrt zurück an seinen Platz vor die Mittlere Säule, vor die Säule des Lichts zurück.

10. Der Lichtbringer

Der Ipsissimus isteht m Osten in der Kether-Position.
Der Einzuweihende steht in der Mitte.
 Der Feuer-Priester im Osten des Einzuweihenden, der Magus im Süden von ihm, der Schlangen-Priester im Westen von ihm, Shekinah im Norden von ihm – dies ist dieselbe Anordnung wie am Anfang dieses Einweihungsrituals.

 Der Ipsissimus erhebt seine Arme in der Anrufungs-Geste (Man-Rune) und hält sie die ganze Anrufung über erhoben.
 Daraufhin beginnen die drei Magier und die Magierin mit der Lichtbringer-Anrufung, die sie auch bei der Eröffnung dieses Rituals verwendet haben. Sie imaginieren dabei wieder den im Uhrzeigersinn kreisenden Lichtwirbel, der den Lichtstrahl von oben her in den Einzuweihenden in der Mitte herabruft.

Alle führen gemeinsam die Übung der Mittleren Säule durch:
„Eheieh.
Yod-He-Vau-He Elohim.
Yod-He-Vau-He Eloah va-Da'ath.
Shaddai el-Chai.
Adonai ha-Aretz.“

Schlangen-Priester: *„Zen-Mönch in der Stille-Meditation, ich rufe Dich!“*
 Ipsissimus: *„Lichtbringer, ich rufe Dich!“*
Shekinah: *„Yogi, der sieben Fuß über dem Boden schwebt, ich rufe Dich!“*
 Ipsissimus: *„Lichtbringer, ich rufe Dich!“*
Feuer-Priester: *„Derwisch im Wirbeltanz, ich rufe Dich!“*
 Ipsissimus: *„Lichtbringer, ich rufe Dich!“*
Magus: *„Shaolin mit der magischen Körperbeherrschung, ich rufe Dich!“*
 Ipsissimus: *„Lichtbringer, ich rufe Dich!“*

Schlangen-Priester: *„Buddha unter dem Bo-Baum, ich rufe Dich!“*
 Ipsissimus: *„Lichtbringer, ich rufe Dich!“*
Shekinah: *„Lao-tse am Gelben Fluß, ich rufe Dich!“*
 Ipsissimus: *„Lichtbringer, ich rufe Dich!“*
Feuer-Priester: *„Naropa, der über das Wasser des Tempelsees geht, ich rufe Dich!“*
 Ipsissimus: *„Lichtbringer, ich rufe Dich!“*
Magus: *„Merlin auf dem Hügelgrab, ich rufe Dich!“*
 Ipsissimus: *„Lichtbringer, ich rufe Dich!“*

Schlangen-Priester: *„Moses auf dem Berg, ich rufe Dich!"*
Ipsissimus: *„Lichtbringer, ich rufe Dich!"*
Shekinah: *„Christus auf dem Berg mit Moses und Elias, ich rufe Dich!"*
Ipsissimus: *„Lichtbringer, ich rufe Dich!"*
Feuer-Priester: *„Abramelin in seiner Einsiedelei, ich rufe Dich!"*
Ipsissimus: *„Lichtbringer, ich rufe Dich!"*
Magus: *„Luzifer als junger Mann, ich rufe Dich!"*
Ipsissimus: *„Lichtbringer, ich rufe Dich!"*

Schlangen-Priester: *„Tanzender Krishna, ich rufe Dich!"*
Ipsissimus: *„Lichtbringer, ich rufe Dich!"*
Shekinah: *„Shiva mit der erwachten Kundalini, ich rufe Dich!"*
Ipsissimus: *„Lichtbringer, ich rufe Dich!"*
Feuer-Priester: *„Licht des Himmels in der Schwitzhütte, ich rufe Dich!"*
Ipsissimus: *„Lichtbringer, ich rufe Dich!"*
Magus: *„Shu, der den Sem-Priester ins Jenseits trägt, ich rufe Dich!"*
Ipsissimus: *„Lichtbringer, ich rufe Dich!"*

Schlangen-Priester: *„Jenseitsgöttin im Hügelgrab, ich rufe Dich!"*
Ipsissimus: *„Lichtbringer, ich rufe Dich!"*
Shekinah: *„Charon am Jenseitsfluß, ich rufe Dich!"*
Ipsissimus: *„Lichtbringer, ich rufe Dich!"*
Feuer-Priester: *„Zweigesichtiger Fährmann in der Duat, ich rufe Dich!"*
Ipsissimus: *„Lichtbringer, ich rufe Dich!"*
Magus: *„Brücke über den Abgrund, ich rufe Dich!"*
Ipsissimus: *„Lichtbringer, ich rufe Dich!"*

Schlangen-Priester: *„Sephirah Da'ath, ich rufe Dich!"*
Ipsissimus: *„Lichtbringer, ich rufe Dich!"*
Shekinah: *„Leuchten des Scheitelchakras, ich rufe Dich!"*
Ipsissimus: *„Lichtbringer, ich rufe Dich!"*
Feuer-Priester: *„Irin-Engel, Bote des Metatron, ich rufe Dich!"*
Ipsissimus: *„Lichtbringer, ich rufe Dich!"*
Magus: *„Baum der Erkenntnis des Guten und des Bösen, ich rufe Dich!"*
Ipsissimus: *„Lichtbringer, ich rufe Dich!"*

Schlangen-Priester: *„Zen-Mönch in der Stille-Meditation, ich rufe Dich!"*
Ipsissimus: *„Lichtbringer, ich rufe Dich!"*
Shekinah: *„Yogi, der sieben Fuß über dem Boden schwebt, ich rufe Dich!"*
Ipsissimus: *„Lichtbringer, ich rufe Dich!"*
Feuer-Priester: *„Derwisch im Wirbeltanz, ich rufe Dich!"*
Ipsissimus: *„Lichtbringer, ich rufe Dich!"*
Magus: *„Shaolin mit der magischen Körperbeherrschung, ich rufe Dich!"*
Ipsissimus: *„Lichtbringer, ich rufe Dich!"*

Schlangen-Priester: *„Buddha unter dem Bo-Baum, ich rufe Dich!"*
Ipsissimus: *„Lichtbringer, ich rufe Dich!"*
Shekinah: *„Lao-tse am Gelben Fluß, ich rufe Dich!"*
Ipsissimus: *„Lichtbringer, ich rufe Dich!"*
Feuer-Priester: *„Naropa, der über das Wasser des Tempelsees geht, ich rufe Dich!"*
Ipsissimus: *„Lichtbringer, ich rufe Dich!"*
Magus: *„Merlin auf dem Hügelgrab, ich rufe Dich!"*
Ipsissimus: *„Lichtbringer, ich rufe Dich!"*

Schlangen-Priester: *„Moses auf dem Berg, ich rufe Dich!"*
Ipsissimus: *„Lichtbringer, ich rufe Dich!"*
Shekinah: *„Christus auf dem Berg mit Moses und Elias, ich rufe Dich!"*
Ipsissimus: *„Lichtbringer, ich rufe Dich!"*
Feuer-Priester: *„Abramelin in seiner Einsiedelei, ich rufe Dich!"*
Ipsissimus: *„Lichtbringer, ich rufe Dich!"*
Magus: *„Luzifer als junger Mann, ich rufe Dich!"*
Ipsissimus: *„Lichtbringer, ich rufe Dich!"*

Schlangen-Priester: *„Tanzender Krishna, ich rufe Dich!"*
Ipsissimus: *„Lichtbringer, ich rufe Dich!"*
Shekinah: *„Shiva mit der erwachten Kundalini, ich rufe Dich!"*
Ipsissimus: *„Lichtbringer, ich rufe Dich!"*
Feuer-Priester: *„Licht des Himmels in der Schwitzhütte, ich rufe Dich!"*
Ipsissimus: *„Lichtbringer, ich rufe Dich!"*
Magus: *„Shu, der den Sem-Priester ins Jenseits trägt, ich rufe Dich!"*
Ipsissimus: *„Lichtbringer, ich rufe Dich!"*

Schlangen-Priester: „*Jenseitsgöttin im Hügelgrab, ich rufe Dich!*"
Ipsissimus: „*Lichtbringer, ich rufe Dich!*"
Shekinah: „*Charon am Jenseitsfluß, ich rufe Dich!*"
Ipsissimus: „*Lichtbringer, ich rufe Dich!*"
Feuer-Priester: „*Zweigesichtiger Fährmann in der Duat, ich rufe Dich!*"
Ipsissimus: „*Lichtbringer, ich rufe Dich!*"
Magus: „*Brücke über den Abgrund, ich rufe Dich!*"
Ipsissimus: „*Lichtbringer, ich rufe Dich!*"

Schlangen-Priester: „*Sephirah Da'ath, ich rufe Dich!*"
Ipsissimus: „*Lichtbringer, ich rufe Dich!*"
Shekinah: „*Leuchten des Scheitelchakras, ich rufe Dich!*"
Ipsissimus: „*Lichtbringer, ich rufe Dich!*"
Feuer-Priester: „*Irin-Engel, Bote des Metatron, ich rufe Dich!*"
Ipsissimus: „*Lichtbringer, ich rufe Dich!*"
Magus: „*Baum der Erkenntnis des Guten und des Bösen, ich rufe Dich!*"
Ipsissimus: „*Lichtbringer, ich rufe Dich!*"

Schlangen-Priester: „*Zen-Mönch in der Stille-Meditation, ich rufe Dich!*"
Ipsissimus: „*Lichtbringer, ich rufe Dich!*"
Shekinah: „*Yogi, der sieben Fuß über dem Boden schwebt, ich rufe Dich!*"
Ipsissimus: „*Lichtbringer, ich rufe Dich!*"
Feuer-Priester: „*Derwisch im Wirbeltanz, ich rufe Dich!*"
Ipsissimus: „*Lichtbringer, ich rufe Dich!*"
Magus: „*Shaolin mit der magischen Körperbeherrschung, ich rufe Dich!*"
Ipsissimus: „*Lichtbringer, ich rufe Dich!*"

Schlangen-Priester: „*Buddha unter dem Bo-Baum, ich rufe Dich!*"
Ipsissimus: „*Lichtbringer, ich rufe Dich!*"
Shekinah: „*Lao-tse am Gelben Fluß, ich rufe Dich!*"
Ipsissimus: „*Lichtbringer, ich rufe Dich!*"
Feuer-Priester: „*Naropa, der über das Wasser des Tempelsees geht, ich rufe Dich!*"
Ipsissimus: „*Lichtbringer, ich rufe Dich!*"
Magus: „*Merlin auf dem Hügelgrab, ich rufe Dich!*"
Ipsissimus: „*Lichtbringer, ich rufe Dich!*"

Schlangen-Priester: „*Moses auf dem Berg, ich rufe Dich!*"
Ipsissimus: „*Lichtbringer, ich rufe Dich!*"
Shekinah: „*Christus auf dem Berg mit Moses und Elias, ich rufe Dich!*"
Ipsissimus: „*Lichtbringer, ich rufe Dich!*"
Feuer-Priester: „*Abramelin in seiner Einsiedelei, ich rufe Dich!*"
Ipsissimus: „*Lichtbringer, ich rufe Dich!*"
Magus: „*Luzifer als junger Mann, ich rufe Dich!*"
Ipsissimus: „*Lichtbringer, ich rufe Dich!*"

Schlangen-Priester: „*Tanzender Krishna, ich rufe Dich!*"
Ipsissimus: „*Lichtbringer, ich rufe Dich!*"
Shekinah: „*Shiva mit der erwachten Kundalini, ich rufe Dich!*"
Ipsissimus: „*Lichtbringer, ich rufe Dich!*"
Feuer-Priester: „*Licht des Himmels in der Schwitzhütte, ich rufe Dich!*"
Ipsissimus: „*Lichtbringer, ich rufe Dich!*"
Magus: „*Shu, der den Sem-Priester ins Jenseits trägt, ich rufe Dich!*"
Ipsissimus: „*Lichtbringer, ich rufe Dich!*"

Schlangen-Priester: „*Jenseitsgöttin im Hügelgrab, ich rufe Dich!*"
Ipsissimus: „*Lichtbringer, ich rufe Dich!*"
Shekinah: „*Charon am Jenseitsfluß, ich rufe Dich!*"
Ipsissimus: „*Lichtbringer, ich rufe Dich!*"
Feuer-Priester: „*Zweigesichtiger Fährmann in der Duat, ich rufe Dich!*"
Ipsissimus: „*Lichtbringer, ich rufe Dich!*"
Magus: „*Brücke über den Abgrund, ich rufe Dich!*"
Ipsissimus: „*Lichtbringer, ich rufe Dich!*"

Schlangen-Priester: „*Sephirah Da'ath, ich rufe Dich!*"
Ipsissimus: „*Lichtbringer, ich rufe Dich!*"
Shekinah: „*Leuchten des Scheitelchakras, ich rufe Dich!*"
Ipsissimus: „*Lichtbringer, ich rufe Dich!*"
Feuer-Priester: „*Irin-Engel, Bote des Metatron, ich rufe Dich!*"
Ipsissimus: „*Lichtbringer, ich rufe Dich!*"
Magus: „*Baum der Erkenntnis des Guten und des Bösen, ich rufe Dich!*"
Ipsissimus: „*Lichtbringer, ich rufe Dich!*"

Alle schweigen eine Weile und spüren das Licht uns eine Qualität und den Lichtbringer.

Ipsissimus: *„Ho!"*

Alle: *„Ho!"*

- Das Schließen des Tempels -

Die Teilnehmer stehen wie zuvor.

11. Dank

Jeder der Teilnehmer spricht einen Dank an die Gottheiten und sagt das, was ihm in dem Augenblick gerade passend erscheint.

Erst der Einzuweihende, dann der Schlangen-Priester, der Feuer-Priester, Shekinah, der Magus und schließlich der Ipsissimus.

12. Pentagramm-Ritual

Der Einzuweihende bleibt weiterhin im Tempel.

Der Schlangen-Priester führt das Kleine Pentagramm-Ritual durch.

B   Das Solo-Ritual

Der Tempel ist auf dieselbe Weise aufgebaut wie bei dem Gruppen-Ritual.

- Die Eröffnung des Tempels -

1.   Schutz, Weihung und Anrufung

Die Eröffnung des Tempels besteht in klassischer Weise aus dem Schutzkreis des Kleinen Pentagramm-Rituals, aus der Weihung mit dem passenden Element und dem passenden Planeten sowie der Anrufung einer Gottheit, die zu der Sephirah gehört.

a)   Das Pentagramm-Ritual

Der Magier führt das Kleine Pentagramm-Ritual durch.

Er geht von Osten her einmal im Uhrzeigersinn im Kreis innen um den Tempel herum, versprenkelt (geweihtes) Wasser und spricht:

„So muß deshalb zuerst der Priester, der die Arbeiten des Feuers beherrscht, das Weihwasser des lautbrandenden Meeres versprühen.“

Er imaginiert den gesamten Tempel als eine Insel in einem endlosen Meer.

Er geht von Osten her einmal im Kreis innen um den Tempel herum, räuchert mit einem Räuchergefäß o.ä. und spricht:

„Und wenn Du, nachdem alle Phantome geflohen sind, das heilige, formlose Feuer siehst – das Feuer, das durch die Tiefen des Universums blitzt und flammt – höre dann die Stimme des Feuers!“

Er imaginiert den gesamten Tempel als eine Insel in einem endlosen Meer, die an ihrem Rand von einer schützenden Waberlohe umgeben ist.

Er steht in der Mitte des Tempels, blickt nach Osten, erhebt die Arme (Haltung der Man-Rune) und spricht:

„Heilig seid Ihr, Herr des Universums!
Heilig seid Ihr, den die Natur nicht erschaffen hat!
Heilig seid Ihr, der Eine-Alles-Einzige!"

Er imaginiert den gesamten Tempel als eine Insel in einem endlosen Meer, die an ihrem Rand von einer schützenden Waberlohe umgeben und die von Licht erfüllt ist.

Er geht von Osten aus im Uhrzeigersinn nacheinander zu den vier Amethysten, die in den Ecken des Tempel liegen und spricht bei jedem dieser Steine:

„Weite des Raumes, erwache!
Bewußtsein in Da'ath, erwache!
Lichtbringer, erwache!
Erfülle diesen Tempel mit der Klarheit des höchsten Gipfels!"

Er imaginiert den gesamten Tempel als eine Insel in einem endlosen Meer, die an ihrem Rand von einer schützenden Waberlohe umgeben und die von Licht erfüllt ist – und daß diese Insel nun von der Weite, dem Bewußtsein und der Abgrenzungslosigkeit von Da'ath erfüllt wird.

b) Die Licht-Pentagramme

Der Magier führt in den vier Richtungen im Uhrzeigersinn im Osten beginnend das passive, empfangende Licht-Pentagramm durch:

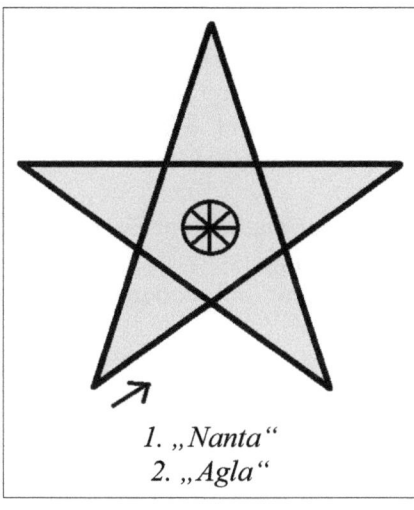

1. „Nanta"
2. „Agla"

1. Licht-Pentagramm: Das Licht-Pentagramm mit den Fingerspitzen in die Luft zeichnen und imaginieren und dabei „Nanta" singen.

2. Licht-Symbol: Dann das Licht-Symbol in die Luft zeichnen und imaginieren und „Agla" singen.

3. Öffnen des Schleiers: Man macht dort, wo man dieses Pentagramm in die Luft gezeichnet und imaginiert hat, mit beiden Händen eine Geste, als würde man zwei Vorhänge in der Mitte von oben nach unten hin teilen und sie dann nach links und rechts fortschieben und dadurch wie ein zweiflügeliges Tor öffnen.

Er führt in den vier Richtungen im Uhrzeigersinn im Osten beginnend das aktive, gestaltende Licht-Pentagramm durch:

1. „Bitom"
2. „Eheieh"

1. Licht-Pentagramm: Das Licht-Pentagramm mit den Fingerspitzen in die Luft zeichnen und imaginieren und dabei „Bitom" singen.

2. Licht-Symbol: Dann das Licht-Symbol in die Luft zeichnen und imaginieren und „Eheieh" singen.

3. Öffnen des Schleiers: Man macht dort, wo man dieses Pentagramm in die Luft gezeichnet und imaginiert hat, mit beiden Händen eine Geste, als würde man zwei Vorhänge nach links und rechts fortschieben und dadurch ein Tor öffnen.

c) Die Saturn-Hexagramme

Der Magier führt in den vier Richtungen im Uhrzeigersinn im Osten beginnend das aktive, gestaltende Licht-Pentagramm durch:

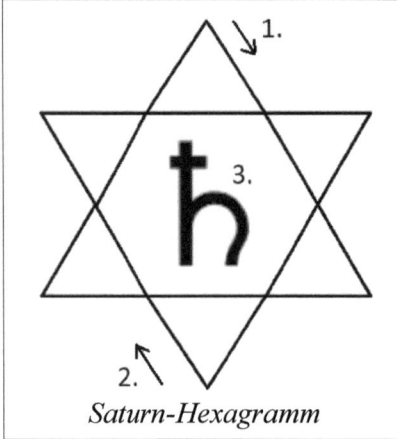

Saturn-Hexagramm

1. Saturn-Hexagramm: Das obere Dreieck des Hexagramms mit den Fingerspitzen in die Luft zeichnen und imaginieren und dabei „Yod-He-Vau-He" singen.

2. Saturn-Hexagramm: Das untere Dreieck des Hexagramms mit den Fingerspitzen in die Luft zeichnen und imaginieren und dabei „Elohim" singen.

3. Saturn-Symbol Das Saturn-Symbol mit den Fingerspitzen in die Luft zeichnen und imaginieren und dabei „Ararita" singen.

d)   Die Anrufung des Lichtbringers

Der Magier führt die Übung der Mittleren Säule durch:

„Ateh Malkuth ve-Gebruah ve-Gedulah le-Ohlam Amen.
Eheieh.
Yod-He-Vau-He Elohim.
Yod-He-Vau-He Eloah va-Da'ath.
Shaddai el-Chai.
Adonai ha-Aretz.“

Während der folgenden Anrufung imaginiert der Magier das Kreisen der Lebenskraft sowie den senkrechten Lichtstrahl, der dadurch in der Mitte entsteht. Der Magier stellt das Kreisen der Lebenskraft dadurch dar, daß er im Uhrzeigersinn im Kreis geht und in jeder der vier Himmelsrichtungen jeweils zwei Zeilen spricht.

im Westen:	*„Zen-Mönch in der Stille-Meditation, ich rufe Dich!*
	Lichtbringer, ich rufe Dich!
im Norden:	*Yogi, der sieben Fuß über dem Boden schwebt, ich rufe Dich!*
	Lichtbringer, ich rufe Dich!
im Osten:	*Derwisch im Wirbeltanz, ich rufe Dich!*
	Lichtbringer, ich rufe Dich!
im Süden:	*Shaolin mit der magischen Körperbeherrschung, ich rufe Dich!*
	Lichtbringer, ich rufe Dich!
im Westen:	*Buddha unter dem Bo-Baum, ich rufe Dich!*
	Lichtbringer, ich rufe Dich!
im Norden:	*Lao-tse am Gelben Fluß, ich rufe Dich!*
	Lichtbringer, ich rufe Dich!
im Osten:	*Naropa, der über das Wasser des Tempelsees geht, ich rufe Dich!*
	Lichtbringer, ich rufe Dich!
im Süden:	*Merlin auf dem Hügelgrab, ich rufe Dich!*
	Lichtbringer, ich rufe Dich!

im Westen:	*Moses auf dem Berg, ich rufe Dich!*
	Lichtbringer, ich rufe Dich!
im Norden:	*Christus auf dem Berg mit Moses und Elias, ich rufe Dich!*
	Lichtbringer, ich rufe Dich!
im Osten:	*Abramelin in seiner Einsiedelei, ich rufe Dich!*
	Lichtbringer, ich rufe Dich!
im Süden:	*Luzifer als junger Mann, ich rufe Dich!*
	Lichtbringer, ich rufe Dich!

im Westen:	*Tanzender Krishna, ich rufe Dich!*
	Lichtbringer, ich rufe Dich!
im Norden:	*Shiva mit der erwachten Kundalini, ich rufe Dich!*
	Lichtbringer, ich rufe Dich!
im Osten:	*Licht des Himmels in der Schwitzhütte, ich rufe Dich!*
	Lichtbringer, ich rufe Dich!
im Süden:	*Shu, der den Sem-Priester ins Jenseits trägt, ich rufe Dich!*
	Lichtbringer, ich rufe Dich!

im Westen:	*Jenseitsgöttin im Hügelgrab, ich rufe Dich!*
	Lichtbringer, ich rufe Dich!
im Norden:	*Charon am Jenseitsfluß, ich rufe Dich!*
	Lichtbringer, ich rufe Dich!
im Osten:	*Zweigesichtiger Fährmann in der Duat, ich rufe Dich!*
	Lichtbringer, ich rufe Dich!
im Süden:	*Brücke über den Abgrund, ich rufe Dich!*
	Lichtbringer, ich rufe Dich!

im Westen:	*Sephirah Da'ath, ich rufe Dich!*
	Lichtbringer, ich rufe Dich!
im Norden:	*Leuchten des Scheitelchakras, ich rufe Dich!*
	Lichtbringer, ich rufe Dich!
im Osten:	*Irin-Engel, Bote des Metatron, ich rufe Dich!*
	Lichtbringer, ich rufe Dich!
im Süden:	*Baum der Erkenntnis des Guten und des Bösen, ich rufe Dich!*
	Lichtbringer, ich rufe Dich!

im Westen:	*„Zen-Mönch in der Stille-Meditation, ich rufe Dich!*
	Lichtbringer, ich rufe Dich!
im Norden:	*Yogi, der sieben Fuß über dem Boden schwebt, ich rufe Dich!*
	Lichtbringer, ich rufe Dich!
im Osten:	*Derwisch im Wirbeltanz, ich rufe Dich!*
	Lichtbringer, ich rufe Dich!
im Süden:	*Shaolin mit der magischen Körperbeherrschung, ich rufe Dich!*
	Lichtbringer, ich rufe Dich!

im Westen:	*Buddha unter dem Bo-Baum, ich rufe Dich!*
	Lichtbringer, ich rufe Dich!
im Norden:	*Lao-tse am Gelben Fluß, ich rufe Dich!*
	Lichtbringer, ich rufe Dich!
im Osten:	*Naropa, der über das Wasser des Tempelsees geht, ich rufe Dich!*
	Lichtbringer, ich rufe Dich!
im Süden:	*Merlin auf dem Hügelgrab, ich rufe Dich!*
	Lichtbringer, ich rufe Dich!

im Westen:	*Moses auf dem Berg, ich rufe Dich!*
	Lichtbringer, ich rufe Dich!
im Norden:	*Christus auf dem Berg mit Moses und Elias, ich rufe Dich!*
	Lichtbringer, ich rufe Dich!
im Osten:	*Abramelin in seiner Einsiedelei, ich rufe Dich!*
	Lichtbringer, ich rufe Dich!
im Süden:	*Luzifer als junger Mann, ich rufe Dich!*
	Lichtbringer, ich rufe Dich!

im Westen:	*Tanzender Krishna, ich rufe Dich!*
	Lichtbringer, ich rufe Dich!
im Norden:	*Shiva mit der erwachten Kundalini, ich rufe Dich!*
	Lichtbringer, ich rufe Dich!
im Osten:	*Licht des Himmels in der Schwitzhütte, ich rufe Dich!*
	Lichtbringer, ich rufe Dich!
im Süden:	*Shu, der den Sem-Priester ins Jenseits trägt, ich rufe Dich!*
	Lichtbringer, ich rufe Dich!

im Westen:	*Jenseitsgöttin im Hügelgrab, ich rufe Dich!*
	Lichtbringer, ich rufe Dich!
im Norden:	*Charon am Jenseitsfluß, ich rufe Dich!*
	Lichtbringer, ich rufe Dich!
im Osten:	*Zweigesichtiger Fährmann in der Duat, ich rufe Dich!*
	Lichtbringer, ich rufe Dich!
im Süden:	*Brücke über den Abgrund, ich rufe Dich!*
	Lichtbringer, ich rufe Dich!
im Westen:	*Sephirah Da'ath, ich rufe Dich!*
	Lichtbringer, ich rufe Dich!
im Norden:	*Leuchten des Scheitelchakras, ich rufe Dich!*
	Lichtbringer, ich rufe Dich!
im Osten:	*Irin-Engel, Bote des Metatron, ich rufe Dich!*
	Lichtbringer, ich rufe Dich!
im Süden:	*Baum der Erkenntnis des Guten und des Bösen, ich rufe Dich!*
	Lichtbringer, ich rufe Dich!
im Westen:	*„Zen-Mönch in der Stille-Meditation, ich rufe Dich!*
	Lichtbringer, ich rufe Dich!
im Norden:	*Yogi, der sieben Fuß über dem Boden schwebt, ich rufe Dich!*
	Lichtbringer, ich rufe Dich!
im Osten:	*Derwisch im Wirbeltanz, ich rufe Dich!*
	Lichtbringer, ich rufe Dich!
im Süden:	*Shaolin mit der magischen Körperbeherrschung, ich rufe Dich!*
	Lichtbringer, ich rufe Dich!
im Westen:	*Buddha unter dem Bo-Baum, ich rufe Dich!*
	Lichtbringer, ich rufe Dich!
im Norden:	*Lao-tse am Gelben Fluß, ich rufe Dich!*
	Lichtbringer, ich rufe Dich!
im Osten:	*Naropa, der über das Wasser des Tempelsees geht, ich rufe Dich!*
	Lichtbringer, ich rufe Dich!
im Süden:	*Merlin auf dem Hügelgrab, ich rufe Dich!*
	Lichtbringer, ich rufe Dich!

im Westen:	*Moses auf dem Berg, ich rufe Dich!*
	Lichtbringer, ich rufe Dich!
im Norden:	*Christus auf dem Berg mit Moses und Elias, ich rufe Dich!*
	Lichtbringer, ich rufe Dich!
im Osten:	*Abramelin in seiner Einsiedelei, ich rufe Dich!*
	Lichtbringer, ich rufe Dich!
im Süden:	*Luzifer als junger Mann, ich rufe Dich!*
	Lichtbringer, ich rufe Dich!

im Westen:	*Tanzender Krishna, ich rufe Dich!*
	Lichtbringer, ich rufe Dich!
im Norden:	*Shiva mit der erwachten Kundalini, ich rufe Dich!*
	Lichtbringer, ich rufe Dich!
im Osten:	*Licht des Himmels in der Schwitzhütte, ich rufe Dich!*
	Lichtbringer, ich rufe Dich!
im Süden:	*Shu, der den Sem-Priester ins Jenseits trägt, ich rufe Dich!*
	Lichtbringer, ich rufe Dich!

im Westen:	*Jenseitsgöttin im Hügelgrab, ich rufe Dich!*
	Lichtbringer, ich rufe Dich!
im Norden:	*Charon am Jenseitsfluß, ich rufe Dich!*
	Lichtbringer, ich rufe Dich!
im Osten:	*Zweigesichtiger Fährmann in der Duat, ich rufe Dich!*
	Lichtbringer, ich rufe Dich!
im Süden:	*Brücke über den Abgrund, ich rufe Dich!*
	Lichtbringer, ich rufe Dich!

im Westen:	*Sephirah Da'ath, ich rufe Dich!*
	Lichtbringer, ich rufe Dich!
im Norden:	*Leuchten des Scheitelchakras, ich rufe Dich!*
	Lichtbringer, ich rufe Dich!
im Osten:	*Irin-Engel, Bote des Metatron, ich rufe Dich!*
	Lichtbringer, ich rufe Dich!
im Süden:	*Baum der Erkenntnis des Guten und des Bösen, ich rufe Dich!*
	Lichtbringer, ich rufe Dich!

Der Magier schweigt eine Weile und spürt das Licht und seine Qualität und den Lichtbringer.

Magier: „*Ho!*"

- Das Überqueren des Abgrundes -

Der Magier geht an die Tür an der Westseite des Vorraums zum Tempel und steht dort auf der Schwelle.

2.   Der Abgrund

Magier: *„Als ich Chesed erreicht habe, ist mein Drittes Auge geöffnet worden, sodaß ich nun den ganzen Lebensbaum sehen kann – auch wenn ich noch nicht an jeden Ort auf dem Lebensbaum gehen und dort leben kannst.*

Ich stehe als Adeptus Exemptus in Chesed.
Ich will weitergehen.
Ich will nach Da'ath gehen.
Ich will ein Infans Abyssi werden.
Ich will in den Abgrund springen.
Ich will über Wasser schweben.
Ich will mich in die Luft erheben.
Ich will durch Feuer gehen.
Ja, das will ich.“

Der Magier übertritt die Schwelle und steht nun an der Westseite des Vorraums.

3.   Der Weg zum Abgrund

Vor ihm liegt auf einem Altar ein Bild des kabbalistischen Weltenbaumes, auf dem die Tarotkarten ausgelegt worden sind.

a) die Sephiroth, die Grade und die Pfade

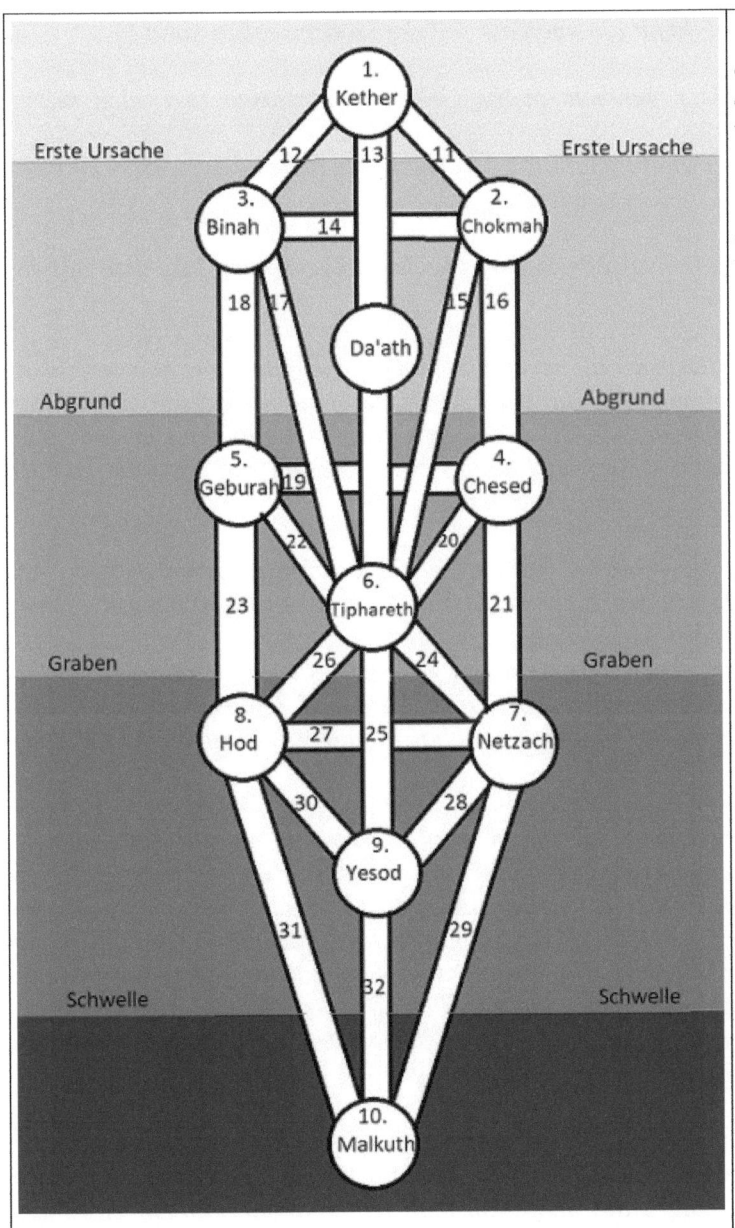

Die 11 Kugeln sind die Sephiroth, die die Grundstruktur des Lebensbaumes darstellen.

Die 22 Linien sind die Verbindungen bzw. Verwandlungen zwischen den 11 Sephiroth.

Die 10 Sephiroth (ohne Da'ath) entsprechen den Elemente-Karten des Tarot; die 22 Pfade entsprechen den 22 „Großen Arkana" des Tarot; die Hofkarten werden wie folgt zugeordnet: Könige – Chokmah; Königinnen - Binah; Ritter – Tiphareth; Knappen – Malkuth.

Die fünf in verschiedenen Grautönen gehaltenen Hintergründe markieren die fünf Bereiche auf dem Lebensbaum, die durch die vier Übergänge voneinander getrennt werden.

„Ich betrachte das Ganze, damit ich das Einzelne verstehen kann.
Ich betrachte das Ganze, damit ich verstehe, wo ich stehe.
Ich betrachte das Ganze, damit ich mich als Teil des Ganzen sehen kann.

Das wird es mir leichter machen, meine Grenzen aufzulösen und mich selber dadurch nicht zu verlieren.
Hier ist das Bild der Welt auf diesem Altar zu sehen: der Lebensbaum. Hier ist mein Weg beschrieben. Erkenne ich ihn wieder?

Einst stand ich als Neophyt vor dem Orden, vor dem Lebensbaum, vor dem Anfang Deines Weges zu mir selber.

Dann trat ich in den Orden ein, erreichte Malkuth, begann zu unterscheiden, begann zu gehen, habe meinen Leib auf der Erde lieben gelernt und bin ein Zelator geworden. Ich habe mich unter den Schutz des Erzengels Sandalphon gestellt. Die vier 10er-Karten des Tarots und die vier Buben waren mein Anfang. Da habe ich die vier Elemente Feuer, Wasser, Luft und Erde gesehen.

Dann bin ich über den 32. Pfad von Malkuth nach Yesod gegangen und habe von der tanzenden Göttin auf der Tarotkarte „Die Welt“ die ersten Geheimnisse gelernt und habe begonnen, die Lebenskraft in allem zu ahnen.

So habe ich die Schwelle zwischen Wachbewußtsein und Traumbewußtsein, zwischen Außen und Innen, zwischen Naturwissenschaften und Magie überschritten.

Dann habe ich Yesod erreicht, die Sephirah des Mondes, das Fundament. Dort habe ich mein Wurzelchakra gespürt und die Kundalini erweckt, in die Kristallkugel geschaut, Traumreisen gemacht und die Lebenskraft lenken gelernt. Hier habe ich erkannt, daß mein Wachbewußtsein nur die Alltags-Oberfläche des viel größeren Traumbewußtseins in mir ist – dadurch hat sich mein Identitätsmittelpunkt ein wenig aus dem Wachbewußtsein in mein Unterbewußtsein verschoben: Der Baum meines Bewußtseins hat Wurzeln bekommen. So bin ich unter dem Schutz des Erzengels Gabriel zu einem Theoricus geworden. Die vier 9er-Karten des Tarots haben mich bereichert und mir Fülle gezeigt.

Als nächstes bin ich auf dem 31. Pfad von Malkuth nach Hod gewandert und habe die Welt bewußt betrachtet und einen Teil ihrer Gesetze erkannt. Dies ist die Gabe der Tarotkarte „Die Auferstehung“, die mich von dem reflexhaften Handeln zu einem bewußteren Handeln geführt hat.

Dann bin ich auf dem 30. Pfad von Yesod nach Hod aufgestiegen und habe gelernt, die Vielfalt der Erscheinungen der Lebenskraft genau zu betrachten und habe damit begonnen, mir ein klares und fundiertes Urteil über die Möglichkeiten der Magie zu bilden. Da begann sich in mir die Tarotkarte „Die Sonne" zu entfalten.

Dann bin ich nach Hod gelangt, dessen König der Planet Merkur ist. Hier wird mein Hara ausgebildet, indem ich Klarheit und einen festen Standpunkt erschaffen habe, von dem aus ich die Dinge betrachten kann. So bin ich zu einem Practicus geworden, der unter der Obhut des Erzengels Michael steht. Hier schaffen die vier 8er-Karten des Tarot neue Strukturen und Formen. Hier sind Maß und Zahl das wichtigste Hilfsmittel.

Auf dem 29. Pfad bin ich von Malkuth nach Netzach gewandert und habe erkannt, wie meine Gefühle und Impulse meine Taten formen. Auf diesem Weg war die Tarotkarte „Der Mond" mein Helfer: der Blick in das, was zuvor in mir verborgen gewesen ist.

Als nächstes bin ich auf dem 28. Pfad von Yesod nach Netzach gegangen und habe viele alte Gefühle und Gefühls-Erinnerungen in mir entdeckt – mit Traumreisen, mit Meditationen, mit Heilungen, mit Familienaufstellungen und vielem mehr. Auf diesem Weg hat mir die Tarot-Karte „Der Stern" geholfen, alte Formen von fixierten Gefühlen, die mich eingeengt haben, aufzulösen und wieder freier zu werden und neue Visionen zu erlangen.

Auf dem 27. Pfad bin ich von Hod nach Netzach gewandert und habe den so weit verbreiteten Widerspruch zwischen Denken und Fühlen aufgelöst, indem ich alle Gefühle durchdacht und alle Gedanken durchfühlt hast. Das hat dazu geführt, daß ich die Tarotkarte „Der Turm" nicht mehr zu fürchten brauche, da ich nun meine Ansichten auf meinen tiefsten Gefühlen gründen und daher standfeste Gebäude in meinem Leben erschaffen kann.

Über diese drei Pfade habe ich schließlich Netzach erreicht – das Königreich, in der die Venus die Königin ist. Hier ist mein Sonnengeflecht mit all seinen Gefühlen, Impulsen, Wünschen und Drängen erwacht und hat mich mit seinem elektrischen Prickeln erfüllt. In dieser Sephirah bin ich zum Philosophus unter dem Schutz des Erzengels Haniel geworden – hier habe ich gelernt, meinen Gefühlen treu zu sein und gleichzeitig auch, mich nicht von meinen Gefühlen überschwemmen zu lassen. Die vier 7er-Karten des Tarot haben mir geholfen, meine Kräfte direkt und ohne Umwege auf die Erfüllung meiner Wünsche auszurichten.

Am Graben habe ich den Portal-Grad erworben: Ich war bereit, über meine Psyche hinauszuschauen und meine Seele zu sehen. Deshalb bin ich hier weiter den Lebensbaum hinauf gegangen.

Auf dem 26. Pfad bin ich von Hod aus nach Tiphareth gelangt, indem ich die innere Gedankenstille erlernt habe. Auf diesem Pfad hat mir auch geholfen, daß ich das Wesen des Denkens erkannt habe – es ist nur ein Werkzeug, um die Erlebnisse zu ordnen und zu verallgemeinern, um dann sinnvoller handeln zu können. Hier hat mir die Tarotkarte „Der Teufel" geholfen, da er mir gezeigt hat, was geschieht, wenn ich meine Gedanken und inneren Bilder auf etwas fixiere und keinen klaren Blick mehr habe. Auf diesem Pfad hat mir auch das Deuten meines eigenen Horoskops geholfen, mich selber besser erkennen zu können.

Danach bin ich auf dem 25. Pfad von Yesod nach Tiphareth gegangen: Ich habe die Traumreise zur eigenen Mitte unternommen und bin dadurch meinem Krafttier, meiner Kraftpflanze, meinem Kraftstein, meinem Kraftpilz und schließlich meiner Seele begegnet. Dadurch habe ich, wie es die Tarotkarte „Das rechte Maß" lehrt, erkannt, was mein eigener Stil ist, was meine Ziele sind und wie ich mich ihnen entsprechend verhalten kann.

Mit dem Graben war auch meine Wanderung auf dem 24. Pfad von Netzach nach Tiphareth verbunden, auf der ich gelernt habe, daß meine Gefühle mir zeigen, wie meine Seele ein Ereignis bewertet. Meine Gefühle helfen mir, die sinnvolle Richtung zu erkenne, wenn ich meine Seele als die Sonne und meine Gefühle als die Sonnenstrahlen begriffen habe. Daher sind mit nun alle Gefühle willkommen – die angenehmen und die unangenehmen, weil alle diese Gefühle mir zeigen, wer ich bin, wie ich zu etwas im Außen stehe und wohin ich mich am sinnvollsten bewegen sollte. Ich fürchte nicht mehr meine Gefühle, sondern das, was sie mir an Gefahren zeigen. Auf diesem Pfad habe ich auch gelernt, die Vielfalt meiner Wünsche und Ziele auf eine sinnvolle Weise zu koordinieren. Bei alledem hat mir die Tarotkarte „Der Tod" geholfen, mich immer wieder neu auf das einzulassen, was da ist und meinen Selbstausdruck immer wieder so zu verwandeln, daß ich so hell wie möglich leuchten konnte.

Schließlich habe ich dann in Tiphareth, das das Königreich der Sonne ist, meine Seele in meinem Herzchakra gefunden – da hat die Suche nach dem Sinn des Lebens geendet, weil ich den Sinn meines Lebens in der Gestalt meiner Seele vor mir gesehen hast. Da hat sich das Zentrum meiner Identität von meiner Psyche zu meiner Seele verschoben – ich bin meine Seele, die sich in mir inkarniert hat. Dadurch bin ich zu einem Adeptus Minor geworden, der mit der Freude des Erzengels Raphael gesegnet wird. Hier haben mir die vier 6er-Karten des Tarots das Glück, das aus der Mitte heraus entsteht, gezeigt; und hier haben mir die vier Ritter-Karten des Tarots den Zugang zu der großen Kraft deutlich gemacht, die der Selbsttreue entspringt.

Auf dem 23. Pfad bin ich von Hod nach Geburah gewandert. Hier hat sich mein Verstand meinen Zielen untergeordnet. Mein Verstand hat hier auch eingesehen, wie wenig er weiß – und daß er trotzdem sehr nützlich und unverzichtbar ist. Der Verstand hat hier jede Arroganz, jede Fixierung und alle falschen Vorstellungen aufgegeben. Dadurch bin ich wie „Der Hängende" im Tarot in der Lage gewesen, die Welt und mich selber durch neue Erkenntnisse in neuem Licht zu sehen – so bin ich näher zu mir selber gekommen.

Über den 22. Pfad bin ich von Tiphareth nach Geburah gelangt und habe damit begonnen, meine früheren Inkarnationen zu erforschen und ich habe mich gefragt, warum sich meine Seele gerade so, wie ich bin, inkarniert hat. Mein Blick hat sich über mein derzeitiges Leben und über meine Psyche hinaus auf die Geschichte und die Ziele meiner Seele ausgerichtet. Hier hat mir die Tarotkarte „Die Gerechtigkeit" geholfen, die größeren Zusammenhänge und Dynamiken zumindestens zu ahnen.

Schließlich bin ich nach Geburah in das Reich des Mars gelangt – in den Bereich der einsgerichteten Verwandlungen. Hier ist mein Halschakra erwacht und ich kann mich seitdem deutlicher in der Welt zeigen als vorher – so wie ich wirklich bin und mit dem, was ich wirklich will. In Geburah bin ich zu einem Adeptus Major geworden, den der Erzengel Samael die Effektivität im Handeln lehrt. Die vier 5er-Karten des Tarots haben mir hier die verschiedene Aspekte des Handelns und der Verwandlungen, die dadurch bewirkt werden, gezeigt.

Mittlerweile war ich schon recht weit oben auf dem Lebensbaum angekommen. Ich bin als nächstes den 21. Pfad von Netzach nach Chesed hinaufgestiegen, auf dem ich die tieferen Wurzeln meiner Gefühle und Ziele erkannt habe, wodurch ich mich noch einmal deutlich klarer und entschiedener auf meine Ziele ausrichten konnte. Dabei hat mich die Tarotkarte „Das Schicksalsrad" sowohl gelehrt, wie wandelbar Situationen und Gefühle sind als auch die Folge meiner Inkarnationen und ihre Dynamik und innere Logik zumindestens zu ahnen.

Auf dem 20. Pfad bin ich von Tiphareth aus nach Chesed gegangen. Hier habe ich wie „Der Einsiedler" im Tarot nach tieferer Erkenntnis und Weisheit gestrebt und ich habe mich gefragt, wodurch ich so geworden bist, wie ich bin, und was wohl die Biographie meiner Seele sein mag.

Auf dem 19. Pfad bin ich von Geburah nach Chesed gewandert, wobei mich der

Drache von Geburah, der mein Schwert in seine Feuerflammen gehüllt hat, begleitet hat. Auf diesem Pfad habe ich danach geforscht, wie die großen Kräfte, die in Geburah ständig alles verwandeln, entstanden sind: Was sind die Wurzeln dieser Kräfte? Auf dieser Suche hat mich die Tarotkarte „Die Stärke" begleitet und mit Rat und Tat unterstützt.

Schließlich habe ich Chesed erreicht – die oberste Sphäre der Seele. Hier habe ich im Reich des Jupiters mein Drittes Auge geöffnet, wodurch alle Dinge für mich durchsichtig geworden sind und ich die Folge meiner Inkarnationen sehen konnte – und den Großen Plan meiner Seele. Hier habe ich auch die Möglichkeit gefunden, die Zukunft zu sehen – auch meine eigene einschließlich meines Todestages und der Art meines Todes. Das ist kein einfacher Schritt für einen angehenden Adeptus Exemptus, aber diesem Adepten hilft der Erzengel Tzadkiel, wenn er ihn um Hilfe bittet. Die 4 4er-Karten des Tarot stellen die grundlegenden Strukturen und Haltungen dar, die auch Chesed prägen.

Nun folgt der Abgrund, den ich als Adeptus Exemptus als nächstes überschreiten will. Hier werden sich alle Abgrenzungen auflösen – hier muß ich in den bodenlosen Abgrund springen ... das ist der einzige Weg, auf dem ich noch weiter den Lebensbaum hinaufsteigen kann. Nur so werde ich den Ursprung meiner Seele in meiner Schutzgottheit finden, die das Meer ist, von der meine Seele ein einzelner Tropfen ist.

Wenn ich in den Abgrund gesprungen bin, werde ich feststellen – ist mir gesagt worden – , daß ich schwebe. Wenn sich der Waldweg unter meinen Füßen in die Dunkelheit zwischen den Sternen auflöst, werde ich erleben, daß ich zu einem Teil des Weltraums geworden bin – ein Freund der Sterne. Dann hat sich mein Scheitelchakra geöffnet und ich nehme die abgrenzungslose Ebene der Welt wahr, die ich vorher nur geahnt habe. Dann habe ich Da'ath erreicht, das Königreich des Saturns. Hier werde ich dann zu einem Infans Abyssi, das unter dem Schutz der Irin-Engel steht.

Auf dem 18. Pfad werde ich dann von Geburah nach Binah gelangen. Hier finden alle Verwandlungen ihre Heimat – hier kann ich erkennen, daß jede Verwandlung nur eine weitere Möglichkeit ist, ich selber zu sein. Was auch immer geschieht, in welche Situation ich auch immer geraten mag: Alles ist nur eine weitere Möglichkeit auszudrücken, wer ich bin – so steht es geschrieben. Daher finde ich auf diesem Pfad die Tarotkarte „Der Siegeswagen".

Als nächstes folgt dann der 17. Pfad, der von Tiphareth nach Binah führt. Auf diesem Pfad kehrt meine Seele in ihre Heimat in der Gemeinschaft der Seelen zurück – so habe ich es auf Traumreisen erlebt. Dies ist der Pfad der Liebe, weshalb ich hier auch der Tarotkarte „Die Liebenden" begegne.

Diese beiden Pfade – der 18. und der 17. – führen nach Binah zu der Göttin Shekinah. Dieser Bereich wird von dem Planeten Uranus geprägt. Als Magister Templi kann ich hier mit der Hilfe des Erzengels Tzaphkiel selber für andere eine Heimat erschaffen. Die vier 3er-Karten im Tarot zeigen diese schöpferische Heimat und diese Geborgenheit. Zudem wird das Urvertrauen, das ich hier wiederfinden kann, durch die vier Königinnen im Tarot verkörpert.

Der 16. Pfad führt von Chesed nach Chokmah. Ich habe in Chesed schon Chokmah gesehen – den Lichtstrahl in der Mitte der Großen Weißen Hauses. Das Rufen dieses Lichtstrahls ist die Aufgabe des „Hohepriesters", der im Tarot dargestellt worden ist.

Der 15. Pfad führt von Tiphareth nach Chokmah. Hier kann ich die Essenz meiner Seele finden. Durch dieses Erlebnis werde ich, wie es die Tarotkarte „Der Herrscher" veranschaulicht, zum König in meinem eigenen Leben.

Der 14. Pfad führt von Binah nach Chokmah. Hier kann ich erleben, wie die Gemeinschaft von Binah aus der absoluten Selbsttreue von Chokmah heraus entsteht. Dabei kann mir die Tarotkarte „Die Herrscherin" helfen, die aus den Samen von Chokmah die Fruchtbarkeit von Binah werden läßt.

Auf diesen drei Pfaden – dem 16., dem 15. und dem 14. – werde ich schließlich Chokmah erreichen – das Reich des Neptun. Hier werde ich den Lichtsturm erleben: die Fülle an wilden Lichtstrahlen, die einen Ursprung, aber keinerlei Begrenzung haben – ein wildes, ekstatisches Toben der Begeisterung über die eigene Qualität, eine vollkommen ungehemmter Selbstausdruck. Hier werde ich zu einem Magus werden und ich werde die Einsgerichtetheit des Erzengels Ratziel erlangen. Dies wird mir durch die vier 2er-Karten des Tarots und durch die vier Könige des Tarots veranschaulicht.

Als nächstes werde ich dann, wenn ich so weit auf dem Lebensbaum aufsteigen will, den obersten der vier Übergänge erreichen. In dem Bereich von Da'ath, Binah und Chokmah liegt meine Identität in meiner Schutzgottheit, deren innerste Essenz ich in Chokmah erleben kann, deren Bezüge zu anderen Gottheiten ich in Binah finden kann, und deren Mythologie ich in Da'ath betrachten und leben kann. Hier an diesem Übergang, hier an der Ersten Ursache, wird sich meine Identitäts-Zentrum von meiner Schutzgottheit zu dem Einen-Alles-Einzigen verschieben – alle Gottheiten sind nur Gefühle, Formen und Bilder in der Psyche des Einen-Alles-Einzigen.

Auf dem 13. Pfad, auf dem ich von Tiphareth nach Kether gelangen kann, wird mich die „Die Hohepriesterin", die auf der Tarotkarte abgebildet ist, in die Stille führen, in der es keinerlei Unterscheidung mehr gibt.

Auf dem 12. Pfad, auf dem ich von Binah nach Kether gelangen kann, wird mich „Der Magier", der auf der Tarotkarte abgebildet ist, in das ekstatische Handeln führen, das schließlich in das allumfassende Hier und Jetzt mündet.

Auf dem 11. Pfad, auf dem ich von Chokmah nach Kether gelangen kann, wird mich „Der Narr" durch den vollkommen freien Lebenstanz in die allem zugrundeliegende Einheit führen.

Dann erreiche ich Kether, das Reich des Pluto, und werde zu einem Ipsissimus und kann das Lächeln des Metatron genießen – das hier zu meinem eigenen Lächeln wird, wenn ich hier selber zu dem Eine-Alles-Einzigen werde. Diesen Ursprung aller Dinge beschreiben die 4 Asse im Tarot.

Auf diesem Weg, den ich nun vor mir ausgebreitet sehe, will ich weitergehen. "

b)   die Polaritäten und die Bereiche

Der Magier führt die Übung der Mittleren Säule durch (ohne das kabbalistische Kreuz) und intoniert:

„Eheieh.
Yod-He-Vau-He Elohim.
Yod-He-Vau-He Eloah va-Da'ath.
Shaddai el-Chai.
Adonai ha-Aretz. "

Magier:
„So spricht Kether, so spricht die '1', so spricht Pluto:
Der Leib ist eins.
Malkuth ist eins und eindeutig.
Kether ist Malkuth und Malkuth ist Kether, nur auf eine andere Weise.

So spricht Chokmah, so spricht die '2', so spricht Neptun:
Die Psyche ist zweipolar.
Yesod ist voller Ergänzungs-Gegensätze.
Yesod ist der Fluß und der Wandel vom einen zum anderen.

So spricht Binah, so spricht die '3', so spricht Uranus:
Die Seele ist dreipolar.
Die Seele hat zwei Geschwister, zwei Begleiter.
Tiphareth ist die kreative Mitte.

So spricht Chokmah, so spricht die '2', so spricht Neptun:
Die Götter sind zweipolar.
Da'ath ist voller Ergänzungs-Gegensätze.
Yeosd ist die kleine Magie, Da'ath ist die große Magie.

So spricht Kether, so spricht die '1', so spricht Pluto:
Gott ist eins.
Kether ist das Eine-Alles-Einzige.
Die Möglichkeiten von Kether werden in Malkuth zur Wirklichkeit. "

Der Magier führt die Übung der Mittleren Säule durch (ohne das kabbalistische Kreuz) und intoniert:

„Eheieh.
Yod-He-Vau-He Elohim.
Yod-He-Vau-He Eloah va-Da'ath.
Shaddai el-Chai.
Adonai ha-Aretz. "

4. Die sieben Pfade

Die Pfade sind auf dem Boden des Vorraumes des Tempels markiert. Sie können der Einfachheit halber (statt wie auf dem Lebensbaum) sieben parallele Streifen sein, die nebeneinander von dem Eingang zu dem Vorraum zu dem Eingang des Tempels führen.

Auf den Pfaden befinden sich (evtl. auf einem kleinen Tisch o.ä.) die dazugehörigen Tarotkarten.

Die Pfade von links nach rechts sind:

- Geburah-Binah	„Der Siegeswagen)
- Geburah-Da'ath	(keine Tarotkarte)
- Tiphareth-Binah	„Die Liebenden"
- Tiphareth-Kether	„Die Hohepriesterin"
- Tiphareth-Chokmah	„Der Herrscher"
- Chesed-Da'ath	(keine Tarotkarte)
- Chesed-Chokmah	„Der Hohepriester"

Zu Beginn steht der Magier jeweils auf dem Anfang des Pfades – dort spricht der Magier die ersten acht Verse.

Dann geht er zur Mitte des Pfades und spricht dort die nächsten vier Verse.

Dann geht er zu dem Ende des Pfades und singt (intoniert) mehrmals nacheinander ein „a".

a)   Der Pfad von Tiphareth nach Binah

Dies ist dritte Pfad von links. Dies ist der Pfad der Liebenden.

„Liebe ist Leuchten des Herzens.
Liebe ist das Fließen des Lebens.
Die Liebenden erschaffen das Lebens.
Liebe ist Tanz im Hier und Jetzt.
Liebe hält alles zusammen.
Liebe erschafft Neues.
Liebe läßt die Sonnen leuchten.
Liebe ist der Gesang des Herzchakras.

Liebe ist das Licht des Herzens.
Sie ist Erfüllung, sie ist Glück.
Liebe ist – sie braucht nichts.
Liebe ist der Selbstausdruck der Seele.

aaaaaa ..."

b) Der Pfad von Tiphareth nach Chokmah

Dies ist der dritte Pfad von rechts. Dies ist der Pfad des Herrschers.

„Der Herrscher lenkt das Feuer.
Der Herrscher lenkt das Wasser.
Der Herrscher lenkt die Winde.
Der Herrscher lenkt die Erde.
Stärke wird im Tanz geboren.
Der Tanz führt zur Mitte.
In Mitte bin ich ich selber.
Ich tanze aus meiner Mitte heraus.

Selbsttreue ist wahre Herrschaft.
Strahle vom Herzchakra nach außen.
Ich erfülle mich mit mir selber.
Stärke kommt aus dem Herzen.

aaaaaa ... "

c) Der Pfad von Tiphareth nach Kether

Dies ist der mittlere Pfad. Dies ist der Pfad der „Hohepriesterin".

„In der Stille zeigt sich das Unbekannte.
Ich schaue hinter den Schleier.
Ich lasse meinen Halt los.
Ich wage es, in das Neue zu gehen.
Ich höre die Worte des Schweigens.
Ich sehe die unbekannten Farben.
Ich finde meine Heimat.
Ich bin mutig und geduldig.

Die Hohepriesterin wartet auf mich.
Sie wird mir das Tor öffnen.
Ich werde mich selber in der Stille sehen.
Ich lasse los um zu erhalten.

aaaaaa ... "

d)   Der Pfad von Geburah nach Binah

Dies ist der linke Pfad. Dies ist der Pfad des „Siegeswagens".

„Ich bin meinem Herzen treu,
Ich schaue mit klarem Blick auf die Welt –
dann werde ich siegen.
Ich gehe den geraden Weg.
Ich bin ausdauernd wie eine Eiche,
Ich bin stark wie ein Löwe,
Ich bin geschickt wie ein Zauberkünstler,
Ich bin liebevoll wie eine Mutter.

Meine Schutzgottheit inspiriert mich,
Meine Seele leitet mich,
Mein Krafttier stärkt mich,
Mein Leib verwirklicht mich.

aaaaaa ... "

e)   Der Pfad von Chesed nach Chokmah

Dies ist der rechte Pfad. Dies ist der Pfad des „Hohepriesters".

„Hier finde ich Weisheit.
Hier finde ich Führung.
Hier finde ich Hilfe.
Hier finde ich Erkenntnis.
Der Hohepriester ist der Lichtbote.
Er ist meine innere Stimme.
Er ist meine Schutzgottheit.
Er ist meine Inspiration.

Ich gehe zu ihm, wenn ich mich suche.
Ich gehe zu ihm, wenn ich lebendig sein will.
Ich gehe zu ihm, wenn ich den Ursprung suche.
Ich gehe zu ihm, wenn ich mein Leben tanzen will.

aaaaaa ... "

f) Der Pfad von Geburah nach Da'ath

Dies ist der zweite Pfad von links.

„Ich gehe vom Feuer zur Glut der Sonne.
Ich gehe vom Fluß zum Meer.
Ich gehe vom Stein zum Berg.
Ich gehe vom Atemhauch zum Sturm.
Ich zeige meinen Mut und springe.
Ich zeige meine Liebe und schwimme.
Ich zeige meine Weisheit und fliege.
Ich zeige mein Gedeihen und wachse.

Ich gelange auf den Gipfel des Berges!
Ich gelange an das Ufer des Meeres!
Ich gelange an den Rand des Abgrunds"
Ich gelange in die Finsternis des Universums!

aaaaaa ... "

g) Der Pfad von Chesed nach Da'ath

Dies ist der zweite Pfad von rechts.

„Ich gehe vom Sehen zum Sein.
Ich gehe von der Grenze zur Qualität.
Ich gehe von der Seele zur Gottheit.
Ich gehe von Chesed nach Da'ath.
Ich lasse das Feuer lodern!
Ich lasse das Wasser fließen!
Ich lasse die Luft wehen!
Ich lasse die Erde blühen!

Ich gehe zu dem Lichtstrahl in der Mitte von Chesed.
Ich stelle mich in diesen Lichtstrahl.
Ich vertraue diesem Lichtstrahl.
So werde von Chesed nach Da'ath gelangen.

aaaaaa ... "

109

5. Der Sprung in den Abgrund

„Ich springe in den Abgrund –
und das Tor zum Tempel wird sich öffnen.
Ich fühle mich nicht mehr durch meine Grenzen, sondern durch meine Qualität –
und das Tor zum Tempel wird sich öffnen.
Ich klammere mich nicht an meine Seele, sondern öffne mich der Gottheit –
und das Tor zum Tempel wird sich öffnen.
Ich verlasse das sichere Schiff und tauche in das Meer –
und das Tor zum Tempel wird sich öffnen.
Ich vertraue mich ganz dem Leben an –
und das Tor zum Tempel wird sich öffnen.
Ich lasse zu, daß sich mein Scheitelchakra öffnet –
und das Tor zum Tempel wird sich öffnen.
Ich verlasse den Wald und gehe in die Nacht zwischen den Sternen –
und das Tor zum Tempel wird sich öffnen.
Ich steige auf den Gipfel des Berges und rufe das Licht –
und das Tor zum Tempel wird sich öffnen.
Ich werde vom Leib zur Psyche zur Seele zum Gott –
und das Tor zum Tempel wird sich öffnen.
Ich lasse die Lebenskraft in mir immer heißer lodern –
und das Tor zum Tempel wird sich öffnen.
Ich gehe von dem kleinen Yesod-Wirbel zu dem großen Da'ath-Wirbel –
und das Tor zum Tempel wird sich öffnen.
Ich lasse mich selber los, damit ich mich selber finde –
und das Tor zum Tempel wird sich öffnen."

Der Magier geht zu dem Tor zum Tempel, öffnet das Tor und betritt den Tempel.

- Da'ath -

Der Magier steht in der Mitte des Tempels.

6.   Die Anrufung der eigenen Schutzgottheit

Der Magier ruft seine Schutzgottheit an – er spricht die improvisierte Anrufung nicht nur innerlich, sondern auch äußerlich.

7.   Die Gemeinschaft der Gottheiten

„Alles ist eins.
Alles hat einen Qualität und eine Richtung.
Alles ist mit allem verbunden.
Alles bildet insgesamt den Tanz der Mythen.
Ich bin nun ein Teil dieses Tanzes.

Ich spüre die Gottheit in meinem Freund.
Ich spüre die Gottheit in meiner Freundin.
Ich spüre die Gottheit in meinem Vater.
Ich spüre die Gottheit in meiner Mutter.
Ich spüre die Gottheit in meinem Bruder.
Ich spüre die Gottheit in meiner Schwester.
Ich spüre die Gottheit in meinem Sohn.
Ich spüre die Gottheit in meiner Tochter.
Ich spüre die Gottheiten in dem Kreis der Menschen, die mir nah sind.

Ich spüre die Gottheiten in den Menschen in der Welt.
Ich spüre die endlose Vielfalt der Gottheiten in der Welt.
Ich spüre das Kontinuum der Gottheiten.
Ich spüre Da'ath.“

8. Die Einheit mit den Göttern

Die Magier steht in der Mitte des Tempels.
Die Magier imaginiert das, was er sagt.

„Meine Haare sind die Haare der Sif.[181]
Meine Augen sind die Augen des Horus.[182]
Meine Ohren sind die Ohren des Heimdall.[183]
Meine Nase ist die Nase des Raphael.[184]
Mein Mund ist der Mund des Shango.[185]
Meine Lippen sind die Lippen des Anubis.[186]
Mein Kinn ist das Kinn des Freyr.[187]
Mein Kopf ist der Kopf des Helios.[188]
Mein Hals ist der Hals des Rongo.[189]
Meine Arme sind die Arme des Hephaistos.[190]
Meine Hände sind die Hände des Vulcanos.[191]
Meine Schultern sind die Schultern des Atlas.[192]
Meine Brust ist die Brust des Apollon.[193]
(oder: *Meine Brüste sind die Brüste der Artemis.*)[194]
Mein Bauch ist der Bauch der Weißen Büffelfrau.[195]
Mein Magen ist der Magen des Sobek.[196]
Meine Leber ist die Leber des Dionysos.[197]

---

181 Sif = die germanische Göttin des reifen Getreides, das als das goldene Haar der Erde
    aufgefaßt worden ist
182 Horus = Falkengott; seine Augen waren die Himmelsaugen, d.h. Sonne und Mond
183 Heimdall = germanischer Wächtergott, der „das Gras wachsen hört"
184 Raphael = Erzengel der Luft (Atmung durch die Nase)
185 Shango = Donnergott der Yoruba in Westafrika
186 Anubis = ägyptischer Schakalgott mit auffälligen schwarzen Lippen
187 Freyr = germanischer Fruchtbarkeitsgott mit Spitzbart am Kinn
188 Helios = griechischer Sonnengott; die Sonne wurde von den Indogermanen als das
    Gesicht des Sonnengott-Göttervaters angesehen
189 Rongo = polynesischer Gott der Fruchtbarkeit, des Regens und der Musik
190 Hephaistos = griechischer Schmiedegott
191 Vulcanos = römischer Schmiedegott
192 Atlas = griechischer Träger des Himmelsgewölbes
193 Apollon = griechischer Bogen-Gott
194 Artemis = griechische Jagdgöttin (die Zwillingsschwester des Apollon)
195 Weiße Büffelfrau = Muttergöttin der Dakota
196 Sobek = ägyptischer Krokodilgott (galt als sehr gierig)
197 Dyonisos = Gott der Ekstase und des Weins (deshalb der Bezug zur Leber …)

Mein Rücken ist der Rücken des Großen Bären.[198]
Mein Hintern ist der Hintern des Geb.[199]
Mein Penis ist der Penis des Pan.[200]
(oder: *„Meine Vagina ist die Vagina der* Inanna.)[201]
Meine Beine sind die Beine der Nut.[202]
Meine Füße sind die Füße des Tyr.[203]
Mein Wurzelchakra ist das Wurzelchakra des Dagda.[204]
Mein Hara ist das Hara der Pacha Mama.[205]
Mein Sonnengeflecht ist das Sonnengeflecht der Amaterasu.[206]
Mein Herzchakra ist das Herzchakra des Osiris.[207]
Mein Halschakra ist das Halschakra des Bragi.[208]
Mein Drittes Auge ist das Dritte Auge des Shiva.[209]
Mein Scheitelchakra ist das Scheitelchakra des Buddha.[210]
Mein Tummo ist das Tummo der Pele.[211] [212]
Mein Bindhu ist das Bindhu des Heiligen Geistes.[213]
Meine Seele ist das Kind meiner Schutzgottheit.
Alles an mir ist ein Teil einer Gottheit.“

Pause, in der der Magier das, was er gesagt und imaginiert hat – und was er dabei gespürt hat – auf sich wirken läßt.

---

198 Großer Bär = Gott der Selbständigkeit der Dakota
199 Geb = ägyptischer Erdgott
200 Pan = griechischer Ziegengott; Gott der Zeugung und der Wiederzeugung
201 Inanna = sumerische Muttergöttin (sie lobt in einer Hymne die Schönheit ihrer Vagina)
202 Nut = ägyptische Himmelsgöttin, die auf Arme und Beine gestützt über der Erde steht
203 Tyr = germanischer Sonnengott-Göttervater; die Sonne als Himmelswanderer
204 Dagda = keltischer Göttervater; bekannt für seinen riesigen Penis und für seine große Zeugungskraft
205 Pacha Mama = Erdmutter der Quetchua-Indianer („Inkas“)
206 Amaterasu = Sonnengöttin in der japanischen Shinto-Religion
207 Osiris = ägyptischer Korn- und Totengott; Urbild der im Jenseits wiedergeborenen Seele (das Herzchakra ist der „Tempel der Seele“)
208 Bragi = germanischer Gott der Dichtkunst und der Musik
209 Shiva = indischer Gott, der u.a. mit dem Öffnen des Dritten Auges verbunden ist
210 Buddha = Erleuchteter, der sein Scheitelchakra vollständig erweckt hat
211 Tummo = Verbindung vom Wurzelchakra zum glühenden Erdkern und die Lebenskraft, die in dieser Verbindung herauffließt (Kundalini)
212 Pele = Vulkangöttin und Feuergöttin auf Hawaii
213 Bindhu = Verbindung vom Scheitelchakra zur Sonne und die Lebenskraft, die in dieser Verbindung herabfließt

9. Die Urform der Lebenskraft

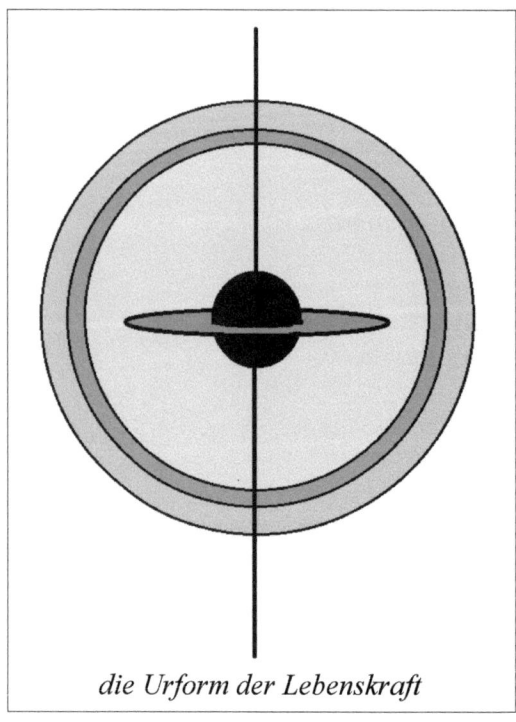

die Urform der Lebenskraft

Der Magier steht in der Mitte des Tempels.

Er entrollt das Lebenskraft-Diagramm (siehe links) im Osten vor dem Kreis in der Mitte des Tempels und hängt es dort an einen Ständer o.ä. Es sollte groß genug sein, daß er es gut erkennen kann.

„Ich habe schon oft die Mittlere Säule geübt.
Ich habe nun den Lichtbringers angerufen.
Beides ist dasselbe und beides ist ein Aspekt der Urform der Bewegungen der Lebenskraft. Diese Bewegung findet sich auch in der materiellen Welt wieder.
Ich sehe, welche Bewegungen dies sind:
das hilft mir, diese Bewegungen zu verstehen und sie zu nutzen;
das wird mir das Ausüben von Magie einfacher machen;
das wird mir helfen, die Mittlere Säule effektiv durchzuführen.
Ich werde sie immer wieder betrachten, um sie wirklich zu verstehen.“

Die Seele ist meine Mitte. Sie hat sich in mir inkarniert.
Um sie herum ist bei meiner Zeugung ein Wirbel aus Lebenskraft entstanden, der aus der Vereinigung meiner Eltern entstanden ist. In diesem Wirbel kreiste die Lebenskraft, aus der mein Lebenskraftkörper entstanden ist. Diese wirbelnde Lebenskraftkugel kann man bei Frauen in den ersten Tagen nach Beginn der Schwangerschaft um ihren Bauch herum spüren.

Diese Lebenskraftkugel trägt schon ihr Horoskop in sich, das jedoch erst bei der Geburt sichtbar wird. Dieses Horoskop ist die Scheibe rings um diese Kugel – der Tierkreis ist der Rand dieser Scheibe.

Diese rotierende Lebenskraft läßt einen senkrechten Strahl aus Lebenskraft entstehen, der dann zu der Sushumna wird, dem senkrechten Lebenskraft-Kanal, an dem sich die sieben Chakren befinden. Dieser Strahl ist der Wille.

Nach und nach entstehen nun in dieser Lebenskraftkugel die drei Schichten der Gefühle, der Gedanken und der Wahrnehmungen.

Die Sonne ist eine rotierende Kugel.

Rings um sie kreisen die Planeten alle auf derselben Ebene – sie bilden eine Scheibe rings um die Sonne.

In der Sonne sind elektrisch geladene Teilchen. Da sie sich mit der Rotation der Sonne bewegen, lassen sie ein Magnetfeld entstehen, das sich zu zwei Strahlen bündelt, daß die Sonne oben und unten an ihrer Rotationsachse verlassen und weit in das Weltall hinausragen. Diese beiden Strahlen werden 'Jets' genannt.

Um die Sonne herum gibt es den inneren Bereich, der Sonnenwind genannt wird. Er ist vollständig von den von der Sonne ausgestrahlten Ionen geprägt.

Um die Sonne herum gibt es den mittleren Bereich, der Stoßfront genannt wird. Hierhin hat der Sonnenwind den ganzen Sternenstaub, der überall im Weltraum ist, geschoben. Insgesamt ist die Hülle aus Sonnen-Ionen und Sternenstaub so schwer wie die Erde – aber es ist fein verteilter Staub.

Um die Sonne herum gibt es den äußeren Bereich, der Bugwelle genannt wird. Da sich die Stoßfront in das Weltall hinein ausdehnt, entsteht vor ihr wie vor dem Bug eines Schiffes eine Welle in dem Sternenstaub.

Man findet diese Elemente überall im Weltall – bei jedem Stern.

Aber auch die Erde hat ein Magnetfeld und die beiden Jets: den Nordpol und den Südpol, die das Nordlicht entstehen lassen. Die Scheibe der Erde besteht nur aus dem Mond auf seiner kreisförmigen Umlaufbahn um die Erde.

Bei dem Saturn kann man die Scheibe gut sehen: die Ringe des Saturn. Auch Jupiter, Uranus und Neptun haben solche Ringe.

Am deutlichsten ist diese Form bei den Galaxien: Sie haben eine helle Kugel aus vielen Sternen im Zentrum und darum herum eine Scheibe von weiteren Sternen. Entlang der Rotationsachse der Galaxie treten aus der zentralen Kugel zwei Jets aus, die weit in den Weltraum hinausreichen und hell leuchten.

Die Jets der Sonne sind wie der Wille, der Sonnenwind wie die Gefühle, die Stoßfront wie die Gedanken und die Bugwelle wie die Wahrnehmungen.

Das Herzchakra ist auch eine solche zentrale Kugel sie besteht aus Lebenskraft.

Sie ist von der Scheibe der Blütenblätter dieses Chakras umgeben – daher werden diese Chakren auch 'Lotusblüten' genannt.

Das Herzchakra beginnt zu pulsieren und zu rotieren, wenn ich in es hinein atme, über es meditiere und es imaginiere. Wegen dieses Rotierens werden diese Organe des Lebenskraftkörpers auch 'Chakra' genannt, was 'Rad' bedeutet.

Von dem Herzchakra geht daher je ein Strahl nach oben und nach unten hin aus: die Sushumna.

Nach unten hin reicht sie bis in den glühenden Erdkern – von dort steigt das Tummo, die Kundalini bis in die sieben Chakren auf: Das ist die Kundalini.

Nach oben hin reicht sie bis zur Sonne – von dort fließt das Bindhu, der Sonnensegen bis in die sieben Chakren herab: Das ist die Übung der Mittleren Säule.

Um das Herzchakra bilden sich drei Bereich:

Im Herzchakra ist die Seele, die Identität, das Wollen. Dies ist wie die Sonne.

Der innerste Bereich sind die Impulse, das Fühlen: unten das Sonnengeflecht und oben das Halschakra. Dies ist wie der Sonnenwind.

Der mittlere Bereich sind die Formen, da Denken: unten das Hara und oben das Dritte Auge. Dies ist wie die Stoßfront.

Der äußere Bereich sind die Kontakte, die Wahrnehmung: unten das Wurzelchakra und oben das Scheitelchakra. Dies ist wie die Bugwelle.

In der Mitte ist der Mensch.

Ihn umgibt als Scheibe der Tierkreis.

In der Mitte des Tierkieses steht der Weltenbaum und in ihm der Mensch.

Und der Weltenbaum ist die Jets, die Sushumna, die Mittlere Säule – das Erwecken der Kundalini und das Herabrufen des Lichtbringers.

Die Kundalini ist die Schlange der Weisheit auf dem Lebensbaum – sie ist die Kraft des Schlangen-Priesters.

Der Lichtbringer ist der Blitzstrahl der Schöpfung auf dem Lebensbaum – er ist die Kraft des Feuer-Priesters.

Die Kundalini und der Lichtbringer lösen meine Abgrenzung auf und verbinden mich mit der Erde und mit der Sonne – mit der Welt.

Ich wecke meine Kundalini, rufe den Lichtbringen – so werde ich in Da'ath eine Heimat finden."

10. Der Lichtbringer

Der Magier steht in der Mitte.
Er führt die Übung der Mittleren Säule durch:

„Eheieh.
Yod-He-Vau-He Elohim.
Yod-He-Vau-He Eloah va-Da'ath.
Shaddai el-Chai.
Adonai ha-Aretz. "

Während der folgenden Anrufung imaginiert der Magier das Kreisen der Lebenskraft sowie den senkrechten Lichtstrahl, der dadurch in der Mitte entsteht. Der Magier stellt das Kreisen der Lebenskraft dadurch dar, daß er im Uhrzeigersinn im Kreis geht und in jeder der vier Himmelsrichtungen jeweils zwei Zeilen spricht.

im Westen:	*„Zen-Mönch in der Stille-Meditation, ich rufe Dich!*
	Lichtbringer, ich rufe Dich!
im Norden:	*Yogi, der sieben Fuß über dem Boden schwebt, ich rufe Dich!*
	Lichtbringer, ich rufe Dich!
im Osten:	*Derwisch im Wirbeltanz, ich rufe Dich!*
	Lichtbringer, ich rufe Dich!
im Süden:	*Shaolin mit der magischen Körperbeherrschung, ich rufe Dich!*
	Lichtbringer, ich rufe Dich!

im Westen:	*Buddha unter dem Bo-Baum, ich rufe Dich!*
	Lichtbringer, ich rufe Dich!
im Norden:	*Lao-tse am Gelben Fluß, ich rufe Dich!*
	Lichtbringer, ich rufe Dich!
im Osten:	*Naropa, der über das Wasser des Tempelsees geht, ich rufe Dich!*
	Lichtbringer, ich rufe Dich!
im Süden:	*Merlin auf dem Hügelgrab, ich rufe Dich!*
	Lichtbringer, ich rufe Dich!

im Westen:	*Moses auf dem Berg, ich rufe Dich!*
	Lichtbringer, ich rufe Dich!
im Norden:	*Christus auf dem Berg mit Moses und Elias, ich rufe Dich!*
	Lichtbringer, ich rufe Dich!
im Osten:	*Abramelin in seiner Einsiedelei, ich rufe Dich!*
	Lichtbringer, ich rufe Dich!
im Süden:	*Luzifer als junger Mann, ich rufe Dich!*
	Lichtbringer, ich rufe Dich!
im Westen:	*Tanzender Krishna, ich rufe Dich!*
	Lichtbringer, ich rufe Dich!
im Norden:	*Shiva mit der erwachten Kundalini, ich rufe Dich!*
	Lichtbringer, ich rufe Dich!
im Osten:	*Licht des Himmels in der Schwitzhütte, ich rufe Dich!*
	Lichtbringer, ich rufe Dich!
im Süden:	*Shu, der den Sem-Priester ins Jenseits trägt, ich rufe Dich!*
	Lichtbringer, ich rufe Dich!
im Westen:	*Jenseitsgöttin im Hügelgrab, ich rufe Dich!*
	Lichtbringer, ich rufe Dich!
im Norden:	*Charon am Jenseitsfluß, ich rufe Dich!*
	Lichtbringer, ich rufe Dich!
im Osten:	*Zweigesichtiger Fährmann in der Duat, ich rufe Dich!*
	Lichtbringer, ich rufe Dich!
im Süden:	*Brücke über den Abgrund, ich rufe Dich!*
	Lichtbringer, ich rufe Dich!
im Westen:	*Sephirah Da'ath, ich rufe Dich!*
	Lichtbringer, ich rufe Dich!
im Norden:	*Leuchten des Scheitelchakras, ich rufe Dich!*
	Lichtbringer, ich rufe Dich!
im Osten:	*Irin-Engel, Bote des Metatron, ich rufe Dich!*
	Lichtbringer, ich rufe Dich!
im Süden:	*Baum der Erkenntnis des Guten und des Bösen, ich rufe Dich!*
	Lichtbringer, ich rufe Dich!

im Westen:	*„Zen-Mönch in der Stille-Meditation, ich rufe Dich!*
	Lichtbringer, ich rufe Dich!
im Norden:	*Yogi, der sieben Fuß über dem Boden schwebt, ich rufe Dich!*
	Lichtbringer, ich rufe Dich!
im Osten:	*Derwisch im Wirbeltanz, ich rufe Dich!*
	Lichtbringer, ich rufe Dich!
im Süden:	*Shaolin mit der magischen Körperbeherrschung, ich rufe Dich!*
	Lichtbringer, ich rufe Dich!
im Westen:	*Buddha unter dem Bo-Baum, ich rufe Dich!*
	Lichtbringer, ich rufe Dich!
im Norden:	*Lao-tse am Gelben Fluß, ich rufe Dich!*
	Lichtbringer, ich rufe Dich!
im Osten:	*Naropa, der über das Wasser des Tempelsees geht, ich rufe Dich!*
	Lichtbringer, ich rufe Dich!
im Süden:	*Merlin auf dem Hügelgrab, ich rufe Dich!*
	Lichtbringer, ich rufe Dich!
im Westen:	*Moses auf dem Berg, ich rufe Dich!*
	Lichtbringer, ich rufe Dich!
im Norden:	*Christus auf dem Berg mit Moses und Elias, ich rufe Dich!*
	Lichtbringer, ich rufe Dich!
im Osten:	*Abramelin in seiner Einsiedelei, ich rufe Dich!*
	Lichtbringer, ich rufe Dich!
im Süden:	*Luzifer als junger Mann, ich rufe Dich!*
	Lichtbringer, ich rufe Dich!
im Westen:	*Tanzender Krishna, ich rufe Dich!*
	Lichtbringer, ich rufe Dich!
im Norden:	*Shiva mit der erwachten Kundalini, ich rufe Dich!*
	Lichtbringer, ich rufe Dich!
im Osten:	*Licht des Himmels in der Schwitzhütte, ich rufe Dich!*
	Lichtbringer, ich rufe Dich!
im Süden:	*Shu, der den Sem-Priester ins Jenseits trägt, ich rufe Dich!*
	Lichtbringer, ich rufe Dich!

im Westen:	*Jenseitsgöttin im Hügelgrab, ich rufe Dich!*
	Lichtbringer, ich rufe Dich!
im Norden:	*Charon am Jenseitsfluß, ich rufe Dich!*
	Lichtbringer, ich rufe Dich!
im Osten:	*Zweigesichtiger Fährmann in der Duat, ich rufe Dich!*
	Lichtbringer, ich rufe Dich!
im Süden:	*Brücke über den Abgrund, ich rufe Dich!*
	Lichtbringer, ich rufe Dich!
im Westen:	*Sephirah Da'ath, ich rufe Dich!*
	Lichtbringer, ich rufe Dich!
im Norden:	*Leuchten des Scheitelchakras, ich rufe Dich!*
	Lichtbringer, ich rufe Dich!
im Osten:	*Irin-Engel, Bote des Metatron, ich rufe Dich!*
	Lichtbringer, ich rufe Dich!
im Süden:	*Baum der Erkenntnis des Guten und des Bösen, ich rufe Dich!*
	Lichtbringer, ich rufe Dich!
im Westen:	*„Zen-Mönch in der Stille-Meditation, ich rufe Dich!*
	Lichtbringer, ich rufe Dich!
im Norden:	*Yogi, der sieben Fuß über dem Boden schwebt, ich rufe Dich!*
	Lichtbringer, ich rufe Dich!
im Osten:	*Derwisch im Wirbeltanz, ich rufe Dich!*
	Lichtbringer, ich rufe Dich!
im Süden:	*Shaolin mit der magischen Körperbeherrschung, ich rufe Dich!*
	Lichtbringer, ich rufe Dich!
im Westen:	*Buddha unter dem Bo-Baum, ich rufe Dich!*
	Lichtbringer, ich rufe Dich!
im Norden:	*Lao-tse am Gelben Fluß, ich rufe Dich!*
	Lichtbringer, ich rufe Dich!
im Osten:	*Naropa, der über das Wasser des Tempelsees geht, ich rufe Dich!*
	Lichtbringer, ich rufe Dich!
im Süden:	*Merlin auf dem Hügelgrab, ich rufe Dich!*
	Lichtbringer, ich rufe Dich!

im Westen:	*Moses auf dem Berg, ich rufe Dich!*
	Lichtbringer, ich rufe Dich!
im Norden:	*Christus auf dem Berg mit Moses und Elias, ich rufe Dich!*
	Lichtbringer, ich rufe Dich!
im Osten:	*Abramelin in seiner Einsiedelei, ich rufe Dich!*
	Lichtbringer, ich rufe Dich!
im Süden:	*Luzifer als junger Mann, ich rufe Dich!*
	Lichtbringer, ich rufe Dich!

im Westen:	*Tanzender Krishna, ich rufe Dich!*
	Lichtbringer, ich rufe Dich!
im Norden:	*Shiva mit der erwachten Kundalini, ich rufe Dich!*
	Lichtbringer, ich rufe Dich!
im Osten:	*Licht des Himmels in der Schwitzhütte, ich rufe Dich!*
	Lichtbringer, ich rufe Dich!
im Süden:	*Shu, der den Sem-Priester ins Jenseits trägt, ich rufe Dich!*
	Lichtbringer, ich rufe Dich!

im Westen:	*Jenseitsgöttin im Hügelgrab, ich rufe Dich!*
	Lichtbringer, ich rufe Dich!
im Norden:	*Charon am Jenseitsfluß, ich rufe Dich!*
	Lichtbringer, ich rufe Dich!
im Osten:	*Zweigesichtiger Fährmann in der Duat, ich rufe Dich!*
	Lichtbringer, ich rufe Dich!
im Süden:	*Brücke über den Abgrund, ich rufe Dich!*
	Lichtbringer, ich rufe Dich!

im Westen:	*Sephirah Da'ath, ich rufe Dich!*
	Lichtbringer, ich rufe Dich!
im Norden:	*Leuchten des Scheitelchakras, ich rufe Dich!*
	Lichtbringer, ich rufe Dich!
im Osten:	*Irin-Engel, Bote des Metatron, ich rufe Dich!*
	Lichtbringer, ich rufe Dich!
im Süden:	*Baum der Erkenntnis des Guten und des Bösen, ich rufe Dich!*
	Lichtbringer, ich rufe Dich!"

Der Magier schweigt eine Weile und spürt das Licht und seine Qualität und den Lichtbringer.

Magier: *„Ho!"*

- Das Schließen des Tempels -

11. Dank

Der Magier spricht einen Dank an die Gottheiten und sagt das, was ihm in dem Augenblick gerade passend erscheint.

12. Pentagramm-Ritual

Der Magier führt das Kleine Pentagramm-Ritual durch.

Bücher von Harry Eilenstein

- The Synthesis of Physics and Magic (192 p.)
- Telepathy for Beginners (60 p.)
- Telepathy for Advanced Learners (52 p.)
- Telekinesis for Beginners (56 p.)
- Life Force for Beginners (76 p.)
- Kundalini for Beginners (104 p.)
- Astral Projection for Beginners (60 p.)
- Meditation for Beginners (60 p.)
- Prophecy for Beginners (60 p.)
- Ritual Magic for Beginners (64 p.)
- Magic Chant for Beginners (108 p.)
- Invocations for Beginners (52 p.)
- Evocations for Beginners (62 p.)
- Auto-Movement for Beginners (60 p.)
- Elves for Beginners (56 p.)
- Hypnosis for Beginners (56 p.)
- Love Magic for Beginners (52 p.)

- Money Magic for Beginners (60 p.)
- Magic Objects for Beginners (64 p.)
- Shamanism for Beginners (52 p.)
- Chakra-Magic for Beginners (148 p.)
- Language of the Moon – for Beginners (128 p.)
- Self Knowledge for Beginners (60 p.)
- Da'ath-Magic for Beginners (64 p.)
- Astrology for Beginners (112 p.)
- Number Symbolism for Beginners (64 p.)
- Mandalas for Beginners (76 p.)
- Crop Circles for Beginners (344 p.)
- Feng Shui for Beginners (96 p.)
- Magic Research for Beginners (140 p.)

- Magic for Beginners – Anthology I (636 p.)
- Magic for Beginners – Anthology II (616 p.)
- Magic for Beginners – Anthology III (684 p.)
- Magic for Beginners – Anthology IV (580 p.)

Religion allgemein
- Die sieben Schritte des Lebens (428 S.)
- Muttergöttin und Schamanen (168 S.)
- Totempfähle (440 S.)
- Der Urriese (168 S.)

Jungsteinzeit
- Göbekli Tepe (472 S.)
- Die Göttin von Göbekli Tepe (144 S.)

Ägypten
- Hathor und Re 1: Götter und Mythen im Alten Ägypten (432 S.)
- Hathor und Re 2: Die altägyptische Religion – Ursprünge, Kult und Magie (396 S.)
- Isis (508 S.)
- Ma'at (200 S.)

Christentum
- Christus (60 S.)
- Die Biographie des Teufels (144 S.)

Indogermanen
- Die Entwicklung der indogermanischen Religionen (700 S.)
- Wurzeln und Zweige der indogermanischen Religion (224 S.)

Griechen
- Pan (336 S.)
- Poseidon (668 S.)

Inder
- Dakini (80 S.)
- Vajra (76 S.)

Germanen
- Die Götter der Germanen (87 Bände – siehe nächste Seite)
- Odin (300 S.)

Kelten
- Cernunnos (690 S.)
- Taliesin (228 S.)
- Der Kessel von Gundestrup (220 S.)
- Der Chiemsee-Kessel (76)

Psychologie
- Über die Freude (100 S.)
- Das Geheimnis des inneren Friedens (252 S.)
- Das Beziehungsmandala (52 S.)
- Gefühle und ihre Verwandlungen (404 S.)
- einsgerichtet (140 S.)
- Liebe und Eigenständigkeit (216 S.)
- Von innerer Fülle zu äußerem Gedeihen (52 S.)

Heilung
- Die Symbolik der Krankheiten (76 S.)

Kunst
- Herz des Tanzes – Tanz des Herzens (160 S.)
- Die Wurzeln der Kunst (60 S.)
- Wege zur Musik-Improvisation (32 S.)

Drama
- König Athelstan (104 S.)

„Magie für Anfänger"

- Telepathie für Anfänger (60 S.)
- Telepathie für Fortgeschrittene (52 S.)
- Telekinese für Anfänger (52 S.)
- Analogien für Anfänger (56 S.)
- Omen und Orakel für Anfänger (52 S.)
- Lebenskraft für Anfänger (60 S.)
- Meditation für Anfänger (56 S.)
- Kundalini für Anfänger (100 S.)
- Hypnose für Anfänger (56 S.)
- Auto-Movement für Anfänger (56 S.)
- Chakra-Magie für Anfänger (148 S.)
- Astralreisen für Anfänger (56 S.)
- Astrologie für Anfänger (120 S.)
- Silberschnüre für Anfänger (52 S.)
- Zaubersprüche für Anfänger (60 S.)
- Ritual-Magie für Anfänger (56 S.)
- Mandalas für Anfänger (68 S.)
- Geldzauber für Anfänger (56 S.)
- Liebeszauber für Anfänger (52 S.)
- Invokationen für Anfänger (52 S.)
- Evokationen für Anfänger (60 S.)
- Geister für Anfänger (52 S.)
- Elfen für Anfänger (56 S.)
- Magie-Forschung für Anfänger (140 S.)
- Magie-Romantik für Anfänger (60 S.)
- Selbsterkenntnis für Anfänger (52 S.)
- Einweihungen für Anfänger (60 S.)
- Drogen-Kabbala für Anfänger (216 S.)
- Zahlensymbolik für Anfänger (60 S.)
- Die Sprache des Mondes – für Anfänger (116 S.)
- Zaubergesänge für Anfänger (100 S.)
- Zukunftschau für Anfänger (60 S.)
- Schamanismus für Anfänger (52 S.)
- Schwitzhütten für Anfänger (52 S.)
- Magische Gegenstände für Anfänger (68 S.)
- Übertragungen für Anfänger (68 S.)
- Zaubertränke für Anfänger (64 S.)
- Magie-Gesten für Anfänger (252 S.)
- Da'ath-Magie für Anfänger (64 S.)
- Kornkreise für Anfänger (348 S.)
- Feng Shui für Anfänger (96 S.)
- Tao für Anfänger (112 S.)
- Magie für Anfänger – Sammelband   I (696 S.)
- Magie für Anfänger – Sammelband   II (664 S.)
- Magie für Anfänger – Sammelband   III (580 S.)
- Magie für Anfänger – Sammelband   IV (700 S.)
- Magie für Anfänger – Sammelband   V (676 S.)

„Traumreisen"

- Traumreisen zu Heilpflanzen (700 S.)

Magie

- Handbuch für Zauberlehrlinge (408 S.)
- Wie man das Pentagramm-Ritual zum Leben erweckt (308 S.)
- Tarot (104 S.)
- Physik und Magie (184 S.)
- Die Synthese von Physik und Magie (200S.)
- Die Magie-Formel (156 S.)
- Schwarze Löcher in der Magie (56 S.)
- Krafttiere – Tiergöttinnen – Tiertänze (112 S.)
- Schwitzhütten (524 S.)
- Mythen und Magie der Harfe (116 S.)
- Drei Adeptus Major Rituale (192 S.)
- Drei Adeptus Exemptus Rituale (120 S.)
- Zwei Infans Abyssi Rituale (128 S.)
- Die Magie der Propheten Elias und Elisa (96 S.)

Meditation

- Der Lebenskraftkörper (230 S.)
- Die Chakren (100 S.)
- Das Chakren-System mit den Nebenchakren (296 S.)
- Organe und Chakren (64 S.)
- Die platonischen Körper in den Chakren (156 S.)
- Meditation (140 S.)
- Drachenfeuer (124 S.)
- Kundalini I (676 S.)
- Kundalini II (672 S.)
- Reinkarnation (156 S.)
- einsgerichtet (140 S.)

Astrologie

- Astrologie (496 S.)
- Photo-Astrologie (428 S.)
- Die astrologischen Aspekte (88 S.)
- Horoskop und Seele (120 S.)

Kabbala

- Kursus der praktischen Kabbala (150 S.)
- Eltern der Erde (450 S.)
- Blüten des Lebensbaumes:
    - Die Struktur des kabbalistischen Lebensbaumes (370 S.)
    - Der kabbalistische Lebensbaum als Forschungshilfsmittel (580 S.)
    - Der kabbalistische Lebensbaum als spirituelle Landkarte (520 S.)

Eilenstein, Frater V.D., Knecht, Büdenbender

- Magie heute – Berichte aus der Praxis (288 S.)
- Living Magic (261 p.)

Büdenbender, Eilenstein

- Chaos, Alk und Magic (436 S.)

Die Themen der 87 Bände der Reihe „Die Götter der Germanen"

1. Die Entwicklung der germanischen Religion
2. Lexikon der germanischen Religion
3. Der ursprüngliche Göttervater Tyr
4. Tyr in der Unterwelt: der Schmied Wieland
5. Tyr in der Unterwelt: der Riesenkönig Teil 1
6. Tyr in der Unterwelt: der Riesenkönig Teil 2
7. Tyr in der Unterwelt: der Zwergenkönig
8. Der Himmelswächter Heimdall
9. Der Sommergott Baldur
10. Der Meeresgott: Ägir, Hler und Njörd
11. Der Eibengott Ullr
12. Die Zwillingsgötter Alcis
13. Der neue Göttervater Odin Teil 1
14. Der neue Göttervater Odin Teil 2
15. Der Fruchtbarkeitsgott Freyr
16. Der Chaos-Gott Loki
17. Der Donnergott Thor
18. Der Priestergott Hönir
19. Die Göttersöhne
20. Die unbekannteren Götter
21. Die Göttermutter Frigg
22. Die Liebesgöttin: Freya und Menglöd
23. Die Erdgöttinnen
24. Die Korngöttin Sif
25. Die Apfel-Göttin Idun
26. Die Hügelgrab-Jenseitsgöttin Hel
27. Die Meeres-Jenseitsgöttin Ran
28. Die unbekannteren Jenseitsgöttinnen
29. Die unbekannteren Göttinnen
30. Die Nornen
31. Die Walküren
32. Die Zwerge
33. Der Urriese Ymir
34. Die Riesen
35. Die Riesinnen
36. Mythologische Wesen
37. Mythologische Priester und Priesterinnen
38. Sigurd/Siegfried
39. Helden und Göttersöhne
40. Die Symbolik der Vögel und Insekten
41. Die Symbolik der Schlangen, Drachen und Ungeheuer
42.a Die Symbolik der Herdentiere I
42.b Die Symbolik der Herdentiere II
43. Die Symbolik der Raubtiere
44. Die Symbolik der Wassertiere und sonstigen Tiere
45. Die Symbolik der Pflanzen
46. Die Symbolik der Farben
47. Die Symbolik der Zahlen
48. Die Symbolik von Sonne, Mond und Sternen
49.a Das Jenseits I – Das Hügelgrab
49.b Das Jenseits II – Der Jenseitsweg
50. Seelenvogel, Utiseta und Einweihung
51. Wiederzeugung und Wiedergeburt
52. Elemente der Kosmologie
53. Der Weltenbaum
54. Die Symbolik der Himmelsrichtungen und der Jahreszeiten
55.a Mythologische Motive I
55.b Mythologische Motive II
56. Der Tempel
57. Die Einrichtung des Tempels
58. Priesterin – Seherin – Zauberin – Hexe
59. Priester – Seher – Zauberer
60. Rituelle Kleidung und Schmuck
61. Skalden und Skaldinnen
62. Kriegerinnen und Ekstase-Krieger
63. Die Symbolik der Körperteile
64.a Magie und Ritual I
64.b Magie und Ritual II
64.c Magie und Ritual III
65. Gestaltwandlungen
66.a Magische Angriffs-Waffen
66.b Magische Verteidigungs-Waffen
67. Magische Werkzeuge und Gegenstände
68. Zaubersprüche
69. Göttermet
70. Zaubertränke
71. Träume, Omen und Orakel
72. Runen
73. Sozial-religiöse Rituale
74. Weisheiten und Sprichworte
75. Kenningar
76. Rätsel
77. Die vollständige Edda des Snorri Sturluson
78. Frühe Skaldenlieder
79.a Mythologische Sagas I
79.b Mythologische Sagas II
80. Hymnen an die germanischen Götter